99%的糾紛都可以避免

王牌律師教你化解僵局、趨吉避凶的33個溝通法則

弁護士だけが知っている
ムダにモメない
33の方法

佐藤大和

胡慧文——譯

目次

推薦序

優秀的律師是盡力讓當事人獲得最大的幸福

律師娘林靜如

跟著律師老公在事務所工作多年，看了不少形形色色的律師，坦白說，律師真的有優劣之分。在我心目中，一個優秀的律師，首要之務就是把當事人的利益放在最優先順位，盡一切力量讓當事人獲得最大的幸福。

不過，有心雖重要，但能力跟方法也很重要。每個人都想遇到王牌律師，可是，怎麼樣才能挑到這樣的律師呢？最好的方式就是，在第一次諮詢的時候，就充分了解你的律師。要了解什麼呢？就是了解律師本身的溝通技巧，並且對任何可能的狀況加以沙盤推演。

大家或許會認為，律師的口才應該都很好，但其實，溝通技巧跟滔滔雄辯並不能畫上等號；一個好的律師，不僅要能說服法官，也要能引領當事人在險境中趨吉避凶，而不是巧言令色地告訴對方：一切有多樂觀。

在《99%的糾紛都可以避免》一書當中，作者透過自身的歷練告訴我們許多避免紛爭的處世之道，就連在律師事務所工作多年的我，都覺得深受啟發。

律師的職責就是幫當事人解決問題，甚至在問題發生之前，就教導當事人先採取預防之道。很多時候，我們對自己周遭的事情或人際關係太過有信心，當發生始料未及的狀況時，往往不知道該怎麼應對。因此，如果能夠時時設想：怎麼將出現失誤的機率降到最低、萬一出現失誤時又該如何處理，那麼就具備了一位優秀的律師該有的基本思維模式。

作者並一再強調，如果我們能夠改善自己的溝通技巧，就能夠降低衝突發生的頻率。以前我總覺得，所謂的溝通，就是讓對方了解自己的想法，然而，近來逐漸成熟，而深有體會，每個人的價值觀跟人格特質不同，要讓別人瞭解自己並感同身受，有時如同緣木求魚。而本書的作者剛好說中我一直苦思無解的做法，就是：調整自己的言行。

想要盡量使人際關係圓滿，同理心雖然很重要，但正確的應對方式，才是讓雙方願意敞開心胸、接納彼此的開始。而這樣的接納，才能使我們在禍從天降時，擁有避免不幸的保護傘，這是我在本書中得到最大的收穫。

推薦序

法律的真諦，是「預防重於治療」

蔡志雄（律師、財經專家）

有句玩笑話說，如果找開刀的醫師，一定要找黑頭髮的，因為比較年輕，手不會抖，傷口才不會像扭曲的蜈蚣，相反的，如果要找律師，就要找白頭髮的，因為頭髮白，通常年紀比較大，也比較有智慧。

以我自己擔任律師的角度來觀察，白頭髮的律師年紀未必比較大，其中還有不少的「少年白」，畢竟律師每天都在幫別人處理糾紛，比較容易變老，於是連頭髮都變白了。

至於律師頭髮白就代表有智慧，這倒是有道理，律師見識了那麼多讓人煩惱的糾紛，甚至還有不同當事人反覆發生類似案例，自然容易體會許多人生的道理。我想，同樣身為律師的作者正是基於這樣的經歷，所以想把自己多年累積的心得、要如何不捲入麻煩的三十三個方法，跟大家分享。

要知道，「不捲入麻煩」跟「爭輸贏」是不同的兩個境界，在一般人的想像裡，律師應該是在法庭上義正辭嚴，幫當事人爭取勝訴，就是最圓滿的結果了，如果這樣想，那真是大錯特錯了！你知道嗎？就算當事人最後贏得了官司，但在訴訟過程當中受到的壓力跟折磨，恐怕只有親身參與的人才能體會。所以，只有充分明白法律的真諦，才會知道「預防重於治療」的道理，也就是說，與其跟別人吵架吵贏，倒不如一開始就不要吵架。

正是有這樣的理解，所以我讀這本書從頭到尾真是心有戚戚焉，佐藤律師不是要你一開始就去跟別人輸贏，而是教你預防捲入糾紛的方法。當然，總還是會有天不從人願、糾紛還是產生的時候，佐藤律師也有化解紛爭的應對之道，實在太佛心了！

在我自己執業律師的生涯裡，也深切體悟預防糾紛的道理，但說實在話，當事人都已經來律師事務所諮詢，通常代表糾紛已經產生，而且往往到了必須用法律來解決的階段，這時候再勸當事人預防糾紛已經來不及了。這正是本書讀者幸運的地方，在還沒有發生糾紛而必須到律師事務所諮詢的現在，就可以看到這本書、學到很多技巧，能夠把很多生活上的糾紛化解於無形。

另外，還不光是來不及勸已經來事務所的當事人避免糾紛，連勸他們退讓一步解決糾紛都很困難。尤其許多當事人常常掛在嘴邊的一句話是：「律師我跟你說，那不是錢的問題，那是『奇檬子』（日文：気持ち，發音：kimochi）的問題！」聽到這句話，我就心裡有數，完蛋了，和解的機會微乎其微了！這正是所謂「當局者迷，旁觀者清」，當事人因為糾紛，正在氣頭上，不管誰的話都聽不進去。而佐藤律師的書正好讓讀者轉化為旁觀者，看看書中的案例，學習化解紛爭的方法。

智慧也可以靠閱讀產生，未必得靠頭髮變白，祝福本書的讀者，一輩子都能遠離紛爭，無事一身輕！

前言

大家好，在下是律師佐藤大和，REI律師事務所負責人。

敝事務所竭誠服務廣大民眾的需求，舉凡媒體及娛樂圈之法律相關爭議、校園裡的霸凌等紛爭、家事案件、車禍，以及解雇、加班、勞退等勞資爭議、債務整合、「媽媽友」[1]糾紛、刑事案件、企業法務、創業諮詢等，都是我們的服務範圍。筆者自二〇一四年四月成立事務所以

1. 在日本，家有幼童的媽媽之間自然形成的互助團體，彼此分享訊息和資源，然而不時也會傳出霸凌等人際糾紛。

來，業已為各方客戶解決了諸多法律紛爭。

這回，我想要為此刻攤開本書的各位讀者，解答**「律師如何透過溝通技巧，化解人際紛爭」**。

律師教人溝通技巧?!乍看好像很突兀，這兩種不相干的專業，怎能混為一談？事實上，筆者當初之所以福至心靈地構思這本專講人際溝通的小書，原因無他，正是得自於律師工作當中的深刻感觸。

「小紛爭」釀成「大興訟」

筆者的事務所每天都有許多當事人帶著各自的煩惱前來諮詢。

「我在辦公室和上司不對盤，最後鬧到水火不容。」

「我想離婚，該怎麼處理才好？」

「我和媽媽友起紛爭，想要打官司。」

……來諮詢的法律問題五花八門，傾聽種種令當事人感到憤怒和痛苦的心聲之後，我發覺這些「人生災難」都有共通點，也讓我不由得為眼前受苦的人感嘆——事情為何扭曲糾結到這個地步？

有許多不滿與紛爭並非從一開始雙方就是劍拔弩張、你死我活；這些恩怨衝突是多重不利因素加在一起，經過日積月累的糾葛，終於像滾雪球般爆發大災難。

傾聽這些身處水深火熱之中的當事人，娓娓道出造成糾紛衝突的來龍去脈，可以發現事情在演變到難以收拾的局面之前，往往都先經歷了一段「小芥蒂不斷」的醞釀期。

例如：「他最近都不跟我說話」，或是在辦公室裡，「主管突然對我很冷淡，對其他人卻很熱絡」等，諸如此類的，只是日常生活中一些說大不大的猜忌不滿，就逐漸把周圍的人都捲入其中，發展成難解的恩怨衝突。

當然，問題鬧大以後，可以交由法律專業來收拾解決。然而，趁著事情還沒鬧到不可開交之前，只要稍微改變溝通模式，僵局往往就會有驚人的轉圜餘地，乃至大事化小、小事化無。

基於律師工作的需要，筆者有很多和人溝通的機會。律師的職責在於傾聽當事人的煩憂，再透過反覆溝通的過程，尋求最佳解決之道，並且陪伴當事人走向化解衝突的活路。

筆者從和當事人的溝通之中，領悟到趨吉避凶的溝通要領，並且把這些實務上的領會分享給讀者，這就是本書的由來。

「應對」和「表達」決定了一〇%的人際關係

筆者想要透過本書傳達的理念，一言以蔽之，就是：人際關係會因為「應對」和「表達」的技巧而有所改善。

當你想要盡量與人為善、避免起爭端時，該怎麼做呢？

你或許會努力對人示好，表達自己的善意，但遺憾的是，這麼做的效果很有限，因為你無法從根本上改變他人的想法。

但是，你可以改變自己和對方的互動模式。所謂「改變互動模式」，就是調整自己和對方的應對方式，或是改變自己的表達方式。要改變他人何其困難？相較之下，自我調整就簡單多了。

本書正是為改善人際關係所寫的溝通技巧，告訴大家「如何藉由調整自己的言行，達到趨吉避凶的目的」。

第一章說明人際關係圓滿的人，總是在有意或無意間保持的心態，與採取的言語及行為。

第二章則是以第一章為基礎，傳授諸位不與人發生糾紛衝突的溝通技巧。

然而，無論我們多麼小心翼翼，還是難保不會禍從天降。所以，萬一不幸捲入糾紛，第三章要告訴你全身而退的應對之道。

全書三個章節，通篇都是筆者精選的「溝通撇步」，既簡單又有效，但願讀者能從中獲益，與人和樂融融地過著安穩的太平日。

第1章

建立好人緣
應該明白的8件事

1

人是偏見的動物

人就是受所見所聞支配的生物

筆者相信沒有人生來就喜歡惹是生非，任誰都不願與人起爭執，總是盡可能避免傷人又自傷，此刻翻開本書的你當然也不例外。那麼，該怎麼做才可以趨吉避凶，與人為善呢？

首先，我們一定要理解：「人天生就是帶有偏見的動物」。

偏見是基於個人生命經驗所形成的價值觀。正所謂「眼見為憑」，我們都是活在自己看到的世界裡。然而，即使看見同一件事，卻未必人人都有相同的看法。正因為如此，**無論我們自認為如何公平看待事情，仍難免失之偏頗。**

在這樣的背景下形成的個人價值觀，自然人人不同，看法紛歧和不愉快的摩擦便由此產生，進而形成情緒壓力，痛苦、難過、煩惱接踵而來，無從排解的壓力日久終於釀成衝突——這就是人際糾紛的真相。

來找我諮詢的當事人，盡是為這樣的「偏見」所苦的人。因為不能融入他人、組織或職場，與人的嫌隙日深，不滿和衝突的雪球就在不知不覺間越滾越大，終於累積到不得不尋求法律途徑解決的地步。

各位讀者的麻煩事或許還不到必須求助律師的程度，所以更應該及早建立正確觀念，理解「人生來就是偏見的動物」，以便為自己趨吉避凶。

會在學校、職場、愛情、婚姻、借貸、鄰里等關係中吃苦受罪，或是遭受傷害，其中必有原因。每個人的成長環境都不一樣，生活經驗和學習過程也往往大相逕庭，所以價值觀不同是必然的。

不否定偏見，而是坦然接納

那麼，我輩行走江湖，該如何做，才能不受人際關係傷害呢？

前面說到，個人的價值觀和經驗的差異會帶來摩擦，引發相處上的壓力，但是對於懂得與人為善的人來說，就不會有這些壓力，因為他們理解A的價值觀和B的價值觀本來就可能不同。可是容易與人起爭端的人，總認為自己的道理就是真理，不願接受和自己不同的價值觀，壓力便由此而生。

如果你遇到會跟人講話講到大動肝火，脫口而出說：「你怎麼會這麼想？」、「你怎麼會這麼講？」的這種人，你就要多加注意了，因為他們連「價值觀可以不同」的簡單道理都無法接受，想要對這種人「曉以大義」也是白搭，所以，趕緊打住話題才能避免進一步傷害。別忘了，溝通的大前提是——認同對方的價值觀也是一種價值觀。

「我就是看那傢伙不順眼」、「我和那傢伙話不投機半句多」，也是同樣的道理。看不順眼、話不投機，這並沒有誰對誰錯。會有這樣的直覺反應，幾乎都是過去經驗累積的結果。價值觀和生命經驗的不同，使我們無法全然喜歡某人，也無法與人百分之百合拍。先理解這個大前提，便自然會對人際相處的壓力有另一番認知和感受。

把自己當成「國家」看待

對人際關係感到有壓力的人可以分成兩種：

一種是堅持「我沒錯」的人，這種人無法理解別人的價值觀，所以「非我族類者其心必異」、「道不同不相為謀」。他們過度執著於自己的直覺、主觀好惡強烈，所以精神壓力大。

另一種人正好相反，他們認為「都是我的錯」，因此事事努力配合他人，但因為太過賣力迎合別人，自己活得很辛苦，精神壓力也非同小可。

無論是這兩種人的哪一種，都應該把自己當成一個「國家」來看待。就像日本和美國，不只是語言不同，人種、體型和文化也不一樣，理解國家之間必然存在差異，那麼接納這些差異就容易多了。不同的生活經驗和文化教養造就每個人的偏見，所以別人和自己不同是理所當然，無法相互理解也不奇怪。

能夠體諒「每個人的價值觀和生活經驗都不一樣」，我們就會有著眼於大局的氣度。

為了迴避紛爭，我們應該客觀看待別人的價值觀，唯有明確理解價值觀的差異，才能夠以超然的心態自我調整，可以配合的就配合，不能配合的，也不強求。如果少了「接納偏見」的氣度，那麼本書接下來所要傳授的溝通技巧，都將變得窒礙難行。

2

每個人其實都很任性

理解自己對他人的過度需索

無論喜歡或不喜歡，我們都是按照自己「想要這樣、想要那樣」的欲望在行動，筆者自然也不例外。

不同的是，我會把這樣的心理驅動力解釋為「自己的任性」。為何說自己的欲望是任性呢？且聽我道來。

我輩的欲望全屬「任性」

人為什麼會有「我想要這樣、想要那樣」的欲望呢？

假設你現在飢腸轆轆，毫無疑問的，你會一心想要趕緊吃點東西。會想吃東西，是因為填飽肚子對你來說「有好處」。

而哪怕是「想為別人做點好事」的善念，也是如此，因為替別人服務會讓你很滿足。

換句話說，源源湧現的欲望，全都是出於「對自己有好處」的驅動力，欲望便由此浮上心頭。

負面的欲望更是如此。

比方說跟蹤狂，或是感情糾紛，多半都是出自「想要將自己的欲望強加於人」的任性妄為。跟蹤狂嘴巴上說「傾心」、「愛慕」，卻緊迫盯人到了變態的地步，說穿了也就是把自己「要將對方占為己有的欲望」強加在受害者身上，完全談不上浪漫的情愛。

知道自己很任性，不過是看清真相而已

從任性的自己引申而來的，就是認知到「我對人苛求太多」、「我在強人所難」。

也就是說，知道自己很任性，不過是看清真相而已。

與人為善者，總是謹言慎行。他們經常告訴自己：「要替對方多想一點」、問自己：「我會不會太過分？」，時時這樣想，就會自制多了。

在採取行動之前，先自問：「我這樣做會不會太任性？」或許就可以避免很多不必要的衝突和人際相處壓力。

筆者並不是說人不可以任性，我們生而為人，免不了會為滿足自己的欲望而任性，但只要我們能覺察自己的任性，就可以大大降低與他人的摩擦衝突。

3

找出你的壓力引爆點

該如何養成防範紛爭於未然的「嗅覺」？

摸清自己的地雷何在、喜怒哀樂的開關在哪裡，往往能幫我們迴避忽然失態暴走的尷尬場面，減少很多不必要的誤會紛爭。

處事四平八穩、人際關係和諧的人，總是能夠在衝突爆發的前一秒巧妙迴避。

當他們預料到「再這樣下去，終究會傷到自己」，便趕緊遠離是非，走為上策。以酒攤來舉例就很容易明白。如果事先已經嗅到不祥的預感，知道「去了這一攤，我必定惹得一身腥」，那就別去喝了。職場上也一樣，明白自己的地雷所在，知道「再繼續下去我會爆發」，就要早點脫身，迴避衝突，讓心情常保清靜愉快。

在此同時，我們還要懂得把握迴避的訣竅，知道要怎麼做才可以避免自己情緒失控。

面對突如其來的不愉快場面時，我們的壓力容易瞬間暴表，但如果事前已經有心理準備，情緒就不會起太大波瀾。以攻擊來比喻，出其不意的出拳，傷害力道強，但倘若事前早有防備，傷害就會減輕許多。

找出自己的地雷

那麼，我們要如何找出自己的地雷到底在哪裡呢？

當你自覺情緒焦躁的時候，請想一想：是什麼事情擾得我心神不寧？

忙碌了一天，無論是公事還是私事，總會有那麼幾個點惹你不開心。例如，有的人打電腦敲鍵盤，總是弄得劈哩啪啦響，偏偏筆者對這聲音十分敏感，所以聽到敲鍵盤的聲音，就趕緊戴上耳機，聽喜歡的音樂，阻絕讓自己心煩的噪音。

又比方說，摸清楚自己早上幾點鐘起床心情最好，或是晚上如何入睡，第二天醒來會感到神清氣爽等等，這些生活細節都能幫我們把日子過得更開心。

筆者只要被鬧鐘吵醒，就會心情惡劣，而如果是被晨光喚醒，會感覺特別有活力。所以為了早上可以讓陽光入室，我總是在晚上臨睡前拉開窗簾，期待第二天清早被晨光喚醒。

與其忍受壓力，不如迴避壓力，才能為自己帶來更好的結果。所以找出「哪些點會對自己造成壓力」，就能研擬應對之策。

人際關係也可以做如是想。

比方說，每次和A見面總是心情愉快，但是一想到要和B見面，就感到頭皮發麻。如果你知道自己為何對B避之唯恐不及、明白他的哪些點會引發自己的不快情緒，那麼在和C、D等其他人相處時，就會懂得預設防線，不讓別人碰觸自己的地雷。

4

找到真正讓自己開心的事

尋求最有效的紓壓良方

不與人起爭端的人，都知道如何紓解自己的壓力。懂得自我排解壓力，情緒就不會無端暴走，把日子過得清靜太平。

而儘管明白自己的地雷所在，也掌握到避開地雷的方法，偏偏有些狀況是你想躲也躲不掉。不管是職場也好，人際關係也罷，人生就是會有閃避不了的壓力。

這種時候，懂得如何排解情緒壓力，就可以讓生活回歸良好的運作秩序。

像是出門去尋幽訪勝，不方便出遠門的時候就看書、翻漫畫、唱KTV等。

每個人排解壓力的方式不同，效果也不一，所以自我排解壓力的方法，也必須是對自己來說最能夠有效放鬆身心的辦法。

來找筆者諮詢的當事人，感情糾紛者有之、債務糾紛者有之，也有的是為了勞資爭議而來。他們遭遇的問題不同，卻同樣都不夠了解自己，這話從何說起呢？

因為當我建議他們：「先讓自己好好放鬆一下」，很多人竟回答我說：「我不知道怎樣讓自己放輕鬆。」

凝神專注，才能排解壓力

筆者在此所說的「排解壓力」，指的可不是出於「反正我喜歡，姑且就玩玩吧！」這樣可有可無的心態和作為。想要有效紓解壓力，就必須抱著明確的目的，知道「這是我用來排解壓力用的」。

有一搭沒一搭地做著自己喜歡的事，久而久之會彈性疲乏，紓解壓力的效果因此打折扣。

所以，排解壓力也必須是像上健身房鍛鍊身體那樣，在固定的時間進行，時間一到就結束。

筆者自我排解壓力的方法是唱KTV。

重點其實不在於是否去KTV，而是扯開嗓門K歌，發洩情緒壓力。歌喉欠佳的我一個人唱，或是和知交好友一起去唱，就不必擔心出醜。在預定的時間內放聲高歌，幾曲唱完，心中的苦悶也釋放不少。

尋找能讓自己紓壓的方法，其實也是一種「自我面對」，因為只有自己最清楚紓壓的效果如何。倘若聽說「K歌」可以紓壓，但自己親自嘗試以後發現沒有用，這個方法對你來說就沒有意義。請務必找到那個真正屬於你自己的紓壓良方吧！

5

人際關係沒有標準法則

學會入境隨俗，為自己趨吉避凶

人際關係之所以難修，在於它沒有絕對的法則可以遵循。

眼前有隻烏鴉，團體中的某人主張牠是黑色，也有人堅持牠是白色，甚至還有人說是紅色。人是偏見的動物（請參照本書第二十四頁），把這些偏差的見解集合起來，最終導出的結論就是團體中的法則或答案。擅長溝通的人，能夠在這些不同的遊戲規則之間靈活應對。

很多人都把職場視為壓力鍋，但如果你總認為自己才是王道，身邊的人都有問題，那麼你就危險了。因為或許在你的辦公室裡，其他人全都對，你才是錯的一方。

沒有認清「遊戲規則不同」，我們就會受苦，懷疑：「為什麼沒有人理解我？」、「為什麼他們會說出這種話？」

筆者學生時代打工時結交了許多朋友，後來那些人都成為我的莫逆之交。當初和我一起進公司的同梯新人，現在也都是我交情深厚的老友。這種不分彼此、無話不談的友誼，是人生中無可替代的至寶，值得萬分珍惜。

然而，職場裡的工作夥伴就不一樣了。同事之間會因為環境改變，立場也發生微妙變化，所以溝通上得不時配合調整、靈活因應。

「入境隨俗」方為上策

如果不知道如何拿捏溝通的分際，那麼一開始不妨採取被動立場，也就是所謂的「入境隨俗」。

在會議上或與人對話時，先別急著表現，暫且按捺不動，靜觀周圍的反應。**還未能掌握到靈活應對的竅門**，或時機尚未成熟的時候，只要配合對方的立場就好。

談話當中，掌握最多發言權的人，可以將之視為全場最具影響力的意見領袖，不妨以他的言行做為自己的範本。

此外，找出總是第一個打開話題、帶風向的人，比照這個人的思考模式作答或行動，可保萬無一失。

你當然不必真心把自己複製成你模仿的對象，不過至少要能夠察言觀色，先求融入在地的習氣，和大家站在同一個立場思考，就可以避免與人意見相左的摩擦。

6

夜晚不是思考的好時機

在對的時間傷腦筋，就不會鑽牛角尖

你可知道，日落西山以後，人就會喜歡胡思亂想？

比起豔陽高掛的大白天，天黑以後或是沒有太陽的陰雨天，人就會多愁善感起來。雖然說夜幕低垂之後，我們會沉靜下來，不過在此同時，情緒也容易蒙上灰色陰影，變得悲觀沮喪，把事情都往壞的方面想。

入夜以後，我們會不自覺地把自己變成悲劇主角。不僅容易自怨自艾、心旌動搖，把自己想得很悲情，甚至會進一步追究罪魁禍首，不是怨自己無能，就是怪別人拖累、加害自己。

因此，筆者盡量不讓自己在夜晚傷神。

天黑以後，很多令人心情沉重的念頭會不請自來，但是一到第二天早上，你自己都會感到莫名其妙：「怪了，我昨晚怎會這樣想呢？」

就連晚上寫電子郵件，也容易流於情緒化，變得感情用事，所以我盡可能不在晚上發電郵。隨著夜色越深，心緒越容易波濤起伏，在情緒大幅擺盪的時候，切莫處理重要事情。

關於這一點，筆者的感受特別深刻。因為每到夜晚或天候惡劣的日子，來找我的當事人就特別多，這樣令人感覺無奈的巧合屢見不鮮。

會來找律師的當事人的特徵之一，就是情緒比較不穩定。不過他們的情緒並非總是陰晴不定，而是在入夜以後，或是變天的時候特別容易波動。

所以我盡量把諮詢時間安排在上午，或至少在傍晚以前。理由很簡單，因為當事人在這些時段可以冷靜談事情。即使是白天明理的當事人，到了晚上也會變得情緒化。同樣的，我也盡可能在上午，或至少在天黑前聯絡對造當事人。

人的情緒受到時辰支配

夜晚也是容易喪失理性的時候，所以我們必須自覺自己有可能在夜晚扮演悲劇主角，被情緒沖昏頭而自我傷害。

建立這一點自覺，至少可以自我保護，明白入夜以後的情緒低落，只是自然的生理現象，並不是任何人的錯，要怪也要怪夜晚的不是。反正怪罪夜晚，誰也不得罪。

不愉快的事容易在夜晚浮上心頭，然而解決問題的良策卻不會在此時來敲門。還不如什麼事都別想，早早關燈睡覺，來得有益健康。

不只是自己如此，同理也適用於其他人。

如果有情緒化的人晚上找你談事情，要盡可能避免為宜，以防一言不合，就發生衝突爭端。

7

無視他人感受又何妨？

別為不該被傷害的事而遍體鱗傷

會在人際關係中受傷的人，絕大多數都是因為涉入太深，這一點請務必牢記在心。

介入太深、距離太近，容易隨他人的情緒起舞，讓自己被耍得團團轉，所以必要時，也應當學著不理會對方的心情。

筆者在事務所成天傾聽當事人的心聲，有時心裡不免嘀咕：「我其實沒必要照顧對方的心情到這個地步。」

調解離婚或外遇問題時，有的當事人會因為克制不住憤怒而充滿攻擊性，相反的，卻也有人因為替對方想太多，而讓自己一直陷在死胡同裡走不出去。

筆者不是不能理解人因為多情而斬不斷關係的為難，但如果因為他人而造成自己心理崩潰，那就本末倒置了。

無論是男女感情糾紛，還是職場或校園裡的人際衝突，因為太為對方著想，反遭背叛而受傷害的例子不勝枚舉。然而，如果放任自己受他人的情緒操控擺弄，最終往往會以悲劇收場。

忍無可忍時就該斬斷關係

如果明知自己會受到對方的情緒傷害，那就寧可無視對方，而選擇自我保護。但倘若連無視對方，都會造成自己的心理負擔，那麼你還有另一種選擇，就是斬斷雙方的關係。

大家都說這是個人情淡薄的時代，人與人之間難得溝通。但是教筆者無法想像的是，現代人卻似乎比過去更缺乏絕交的勇氣，原因就在於大多數人都「害怕被討厭」。

人緣好的人不怕被討厭。他們客觀地堅持自己的原則，所以在與人交際往來的時候能做到「不勉強」，也就不會給自己累積壓力。

不善於在人際關係上拿捏分寸的人，不妨給自己訂下準則。

筆者也給自己訂下這樣的準則，那就是——只忍耐對方三次，讓我忍無可忍超過三次就絕交！

對人的喜愛、討厭、忌妒、憎恨等情緒感受，都是感情在運作。感情是會用盡的，無論哪一種感情都像金錢一樣，耗用以後會越變越少。

因為別人的過錯，而讓自己一再面臨暴跳如雷的壞情緒，這就像不斷浪擲自己的金錢一樣，你不覺得這簡直是暴殄天物嗎？正如同不該無端浪費自己的錢財一樣，感情也要「省著用」，面對浪費我們感情的人，「無視」他們是必要的。

願意陪伴他人情緒、照顧他人心情的人，是體貼善良的好人。但是因為自己的體貼善良而傷害自己，陷入心力交瘁的絕境時，無謂的災禍就容易上門來。

8

即使在最後一刻也要脫身

說什麼都絕對不要「背水一戰」

有句成語叫做「背水一戰」，用在退無可退時，表明決一死戰的決心。但是筆者以為，讓自己陷入「背水一戰」的地步，是萬萬不可的危險行為。

「背水一戰」從反面來看，就說明已經被逼入絕境，沒有退路可想了。這句成語本身似乎充滿悲壯色彩，但是如果真的把自己逼入絕境，自信崩潰，拖累周遭的人，那可就一點也不帥氣。

山窮水盡又如何？一逃了之也是選擇。

當你感到自己「就快不行」的時候，懂得丟盔棄甲、逃之夭夭很重要。能與人為善的人，都懂得在勢不可為的時候趕緊脫身，留給自己從容轉圜的餘地，才能夠笑對變局，不會暴走演出。

人生要隨時有備案

為了不要陷入「背水一戰」的絕境，平常就要備好逃生後路。

會在職場上吃癟的人，往往就是認定自己「除了這家公司，我無處可去」，所以煩惱橫生、受盡苦楚和傷害。工作當然很重要，但是在工作上傾盡九十九%的心血戮力以赴之際，還是要把一%留給自己尋求後路，以免情勢不利的時候退無可退。

朋友關係也是如此，倘若相知相惜的知交唯有一人，萬一友情生變，豈非萬事休矣？

人生要隨時有備案。學習工作以外的第二專長、考證照、建立靈通的消息管道，都是為工作預留後路。和多個互不相干的團體打好關係，當無預期的厄運降臨，或某些關係弄擰的時候，還有其他人脈資源可做為後援，這是為交友關係預留後路。

「預留後路」是擁有未雨綢繆的遠見，絕非不光彩的事。懂得為自己留一手的人，可以常保心態上的從容，展現強者的風範。

建立「戰或逃」的停損點

一個人想要活出成績，絕對少不了要自我鞭策。勇於挑戰極限，正面激發自己的潛力，逼迫自己更上層樓，可以帶來飛躍的成長。

「雖然壓力很大，被逼得很緊，但只要咬牙撐過這一關，我就能突飛猛進！」願意為成長吃苦，當然值得期待，可是當你覺得自己已經不堪負荷，「再撐下去，我恐怕會粉身碎骨」，這時就該設下停損點，為退場做打算。換句話說，我們該為自己何時要堅持、何時得棄守，預先畫出一道分界線。

現在重提這件憾事，總是教筆者心情沉重。話說我的一位當事人，就是因為沒有替自己設下停損點，最後賠上一條寶貴的性命。

這位當事人被龐大債務壓得喘不過氣，來找筆者諮詢債務整合協商的事。就在他清償完畢，將債務歸零的時候，卻因為心力交瘁，非但不能為自己無債一身輕的全新人生感到高興，反而對未來的再出發徹底失去信心，竟走上輕生的不歸路。

按理說，協助當事人將債務歸零，律師的任務就算功德圓滿。然而當事人若無法跨出下一步，重新展開人生，那麼所有的努力都失去意義。筆者的ＲＥＩ法律事務所之所以將宗旨定調為「協助當事人重新出發」，就是緣於這次令人心碎的教訓。

人際關係何嘗不是如此？世界上並沒有哪一條法律規定人生不能重新開始，如果真的走不下去，大不了「宣告破產」，一切重新來過。

第 2 章

趨吉避凶的 15 項溝通技巧

1 看人臉色沒什麼不好

先想想「別人會怎麼看我」，再決定要怎麼做

前一章說明建立好人緣最基本的八大信條。

這八大信條是溝通的先決要件，也是趨吉避凶的基礎。當你感覺對方實在不可理喻時，請重新翻到第一章，加強自己的基本功。

接下來要傳授各位：「不無端捲入糾紛」所需要的溝通技巧。

「別人怎麼想？」茲事體大

如果要你「看人臉色」，你是否嗤之以鼻，認為這是「怯懦」、「逢迎諂媚」的行徑而不屑為之呢？

如果問人說：「你理想中的行為準則是什麼？」相信多數人都會正氣凜然地告訴你：「光明磊落、真心誠意，只要認為是自己該做的事，雖千萬人吾往矣！」

筆者認為，這樣的氣魄雖好，但現實社會可沒這麼簡單。

筆者在本書〈前言〉已經點明，「應對」和「表達」決定了一〇%的人際關係，換句話說，「別人怎麼看你」，決定了你在社會上給人的印象。反過來說，事先預設好「我想要別人這樣看我」，以此為自己的角色雛型，用心展現，就可能為自己打造好形象。

如果你還是不能接受這樣的說法，那不妨換個角度來看。

比方說，有個人心地不壞，但總是說話唐突、應對粗魯，你還認為他是善良的好人嗎？

就在你認識的人當中，有些非常惹你嫌的傢伙，本人說不定是「心地光明磊落，只要自認該做的事，雖千萬人吾往矣」的好人，但因為他已經給了你先入為主的壞印象，所以你根本看不到他為人正直的優點。幾乎毫無例外的，外表和言行舉止給人不良的壞印象以後，這印象便從此烙印在他人心版上。

很遺憾的，我輩凡夫俗子沒有讀心的超能力，也沒有透視眼，所以只能從對方的言行舉止，決定自己對此人的好惡。至於對方是不是心地光明磊落、為人正直善良，從外表實在無從判斷。

正因如此，所以我們得時時將「表面印象決定了一〇％人際關係」的鐵律放在心上，自然可以減少和他人的無謂爭端。總之，千萬不能對自己的「表面工夫」掉以輕心。

至於如何給人好印象，筆者以過來人的經驗，約略提出以下幾點：

1 為自己的失誤致上「賠不是的小禮物」

例如，赴約遲到讓對方等待，稍後趕到時，記得立刻奉上一瓶罐裝咖啡之類的小禮物賠不是。

失誤有大有小，如果犯的是重大過錯，當然不能以一小罐咖啡帶過，但如果只是小失誤，隨手買個小東西表達歉意，對方也會比較釋懷。

2 隨時不忘「舉手之勞」表達善意

不善自我表現，以至於讓人印象惡劣的人，通常很白目，自己準時下班不說，還喜孜孜地炫耀說：「我要去Happy了！」。這樣的話聽在還得留下來加班趕工的同事耳裡，格外不是滋味，對他的評價也就打了折扣。

你的時間如果許可，記得向還在加班的同事打聲招呼說：「我的工作稍微提前完成，如果有需要，我還可以幫點小忙。」忙不完的同事也不至於對準時下班的你感到光火。同事並非真的要你分擔他的工作，只不過有那麼一點「想要別人關懷」的心理需求。而如果你的時間不允許，至少也要委婉地道一聲：「今天辛苦了，我有事先走，請繼續加油！」留下來加班的同仁心裡也會好過一點。

不過，雖然只是一句簡單的招呼，對不少人來說卻需要鼓足莫大的勇氣，才能夠說出口。

他們或許認為這樣說話「很假」，根本就是「雞婆」、「多管閒事」。但無論如何，你只要試著不經意地把話說出口，對人際關係就會有意想不到的加分效果。

筆者也擔任演藝人員的法律顧問，演藝界是個「靠自我展現吃飯」的行業。為了協助客戶與他人建立足夠的信賴關係，筆者連他們打招呼的方式、鞠躬的態度、說話的遣詞用字等，都一一詳細建議，就是希望客戶能將自己的真心誠意如實傳達給周圍的人。

筆者甚至提醒他們：「和一群人在電視台行走的時候，別大搖大擺走在中間，要盡量低調地靠邊走。」「靠邊走」是表示對同行工作人員和其他演出者的感謝之意，這雖然只是十分微小的細節，有些人也許根本不會察覺，但是身為演藝人員，就是需要如此細緻的「自我展現」。

刻意地展現自我，既不卑鄙，也一點都不低俗。請大膽想像你心目中理想的自我形象，並且無畏地付諸行動。

2

老好人也會有突然被人怨的那一天

他人的請求不可照單全收

你可曾有過突然被和你有老交情的人嫌惡，或莫名其妙得罪好友的經驗？

對方不知為何刻意疏遠你，讓你丈二金剛摸不著頭腦，想不懂自己何時、在哪裡得罪了他，又苦無機會開口問明白，然後雙方的關係就越來越冷淡……或許，你忽然被討厭的原因，就只是因為你對人有求必應。

怎麼可能？這是什麼道理？還請聽我道來。

你是否成了萬應公、萬應婆？

筆者自知是個「為朋友兩肋插刀」的血性漢子，所以平常都會提醒自己「幫人不要太過頭」。這是從過去自身的慘痛經驗得到的血淚教訓。

以前的我，只要委託人開口要求幫忙，一概來者不拒，把大大小小的事情都往自己身上攬。只因為身為律師，幫委託人排難解紛乃職責所在，所以只要是自己能幫的，就必定在所不辭。

但是，就在我不自覺間成了客戶的「萬應公」以後，卻養成他們的依賴心，客戶認為「反正我不做，佐藤律師也會做」，然後我的工作量就急遽暴增。從外人的角度來看，這根本就是「一個願打、一個願挨」的合作關係。

然而，就算我有三頭六臂，也不可能包辦客戶所有的身邊事，所以當我下次明白告知他們說我「辦不到」的時候，這些人就開始質疑我：「為什麼不肯幫？」、「佐藤律師變了！」，甚至進而攻擊我的為人。

現在，你是否恍然大悟：原來當初之所以和某某人的關係莫名生變，就是這個緣故呀！如今回頭細想，那時正因為認為是「自己的親戚嘛」、「大家都是老交情了」，所以總是慷慨伸出援手。

諷刺的是，正因為是老朋友，才會出問題。

正因為是「老朋友」，所以才危險

越是家人、朋友，越是關係親密、交情深厚，越容易看在長年老關係的分上，形成予取予求和過度付出的失衡關係。

親朋好友之間最常掛在嘴上的一句話，就是「大家認識這麼久了，你還會不懂我嗎？」，正是這樣的心態才會出問題。

筆者聽多了當事人訴苦說：「當了那麼久朋友，真虧我把他當知己呢，實在令我對人性幻滅！」因為是好友、熟人，所以什麼都好說，這樣的心態絕對犯了大忌。

之所以會誤入這個危險的陷阱，就是因為內心存有「這個人懂我，我們可以心意相通」的不實幻想。遇到當事人抱持這樣的認知行走社會，我必定提醒他們：「有這種念頭，簡直和賭徒無異。」

請容我重申一遍，我輩凡夫俗子並沒透視他人的超能力。一廂情願地對他人懷抱幻想，認為對方一定懂你、會如你所期待地回應你，簡直就像賭徒在孤注一擲，還自認為萬無一失。筆者認為，與其懷抱不實期待，還不如拿捏好雙方距離，大家一碼歸一碼、親兄弟明算帳，自然可以大幅降低人際關係上的摩擦衝突。

想要人緣好，一定得謹記保持適當距離。

因為感情糾紛而來找我的當事人，幾乎都是過分寵溺對方，反而讓自己成為被攻擊的受害者。職場糾紛也是如此。上司慣壞下屬，讓他們自行其是、毫不受控，最終導致上下關係交惡。

與人保持適當距離是有方法的，那就是：預先設定「援助額度」。例如，對方提出十個請求，切不可照單全收，只答應七個、拒絕三個，以此維持關係的平衡。不但如此，還要懂得分辨請求的輕重緩急，只接受真正要緊的請求，這樣就不致陷對方於致命的絕境。

熱心幫忙雖然可以為你贏得好人卡，與此同時卻也可能失去雙方應有的安全距離。面對他人的請託時，我們在出手與否之間，必須有所斟酌。保持平衡，你的人際關係才能健康長久。

3

正義魔人會令人退避三舍

為何不可強迫推銷「自己的正義」？

堅持「我才是王道」的人，無論走到哪裡都令人敬而遠之。

當你和他人意見相左時，你會貫徹「我才對」的堅持，咄咄逼人直到對方豎白旗投降為止，或是力排眾議、得理不饒人嗎？

當然，無論從主觀或客觀角度來看，你的主張或許都是對的，但即便如此，強迫推銷自己的正義，仍然會為自己樹敵。

人是感情的動物，所以凡事不能只論對錯，和人打交道，必定要有這一基本認知。

比方說，辦公室裡的後輩犯錯了，老鳥斥責說：「你就是做事漫不經心才會出錯」、「就是你偷懶不事先做功課，才會捅出樓子」。老鳥說的或許都對，不過他的正義之言只會讓後輩顏面盡失，就算點出了事實，卻很可能讓自己在辦公室裡遭人白眼。

正義傷人的例子不勝枚舉。各位是否自認「理直」，所以說話特別「氣壯」呢？當你義正詞嚴的時候，也許已經在不自覺間傷了對方的心。

那麼，遇到這種場面該怎麼做才好呢？

先讚賞優點，不全盤否定對方

方法其實一點也不難。當你認為對方的言行似乎不太對的時候，請先按捺住立刻糾正他的衝動，設法找出對方的優點，哪怕只有一丁點也行，然後再表達你的關心（憂心）。

比方說，辦公室的下屬進度不如預期，先別急著否定說他「這怎麼行！」、「你根本沒進入狀況嘛！」。不妨試試這樣說：

「你還好嗎？工作似乎沒有什麼進展。」

這句話單純陳述「進度落後」的事實，卻也同時傳達了「我對這件事覺得擔心」的感受。

沒有人喜歡被全盤否定，所以先讚賞對方的部分長處，而不是全面抹殺。對方有了你的肯定，接下來的建議就容易聽進心坎裡。

溝通好比玩投接球，必須把球瞄準對方的手套投出去，對話才能成立。如果隨心所欲，自己愛怎麼投就怎麼投，也不管對方能否接到球，就根本談不上溝通。

同樣的，就算你的主張無懈可擊，但如果表達方式不當，還是可能傷害對方的感情。用對方可以理解並坦然接納的方式溝通，自然可以避免不必要的衝突和嫌隙。

4

「為何是我」的念頭要不得

捨棄自我犧牲情結，就不會累積壓力

各位平日可曾發過「為何偏偏是我」的不平之鳴？有這種念頭的人最好小心了。

要知道，認為「只有我這麼委屈」的人，在他人看來，十之八九都只是自怨自艾，別人可不會覺得你委屈。

例如，辦公室裡有些自願留下來加班的拚命三郎，看到同事準時下班走人就會心生不平。準時下班當然不是壞事，分內工作本來就應該在上班時間完成。然而，充滿自我犧牲精神的人，就連明天的工作也要在今天預做準備，或是基於種種必要原因，好意留下來繼續打拚。只是，最初的好意，會逐漸被「別人都下班玩樂去了，只有我一個人孤軍奮鬥」的委屈蠶食，成為在內心隱隱作痛的精神壓力。

於是乎，自己的時間被工作占據，精神上失去從容的餘地，陷入越努力工作就越感到憤恨難平的惡性循環，自然也交不出漂亮的成績。這又強化了自己覺得「同事都只會袖手旁觀」的受害情結，而難免在言行中有意無意地流露出不平之情，因此在自己和同事之間畫出隔閡，讓人對你敬而遠之。

實不相瞞，筆者就是這種個性的人，所以必須經常提醒自己：別陷入這種自怨自艾、委屈不平的情緒。

拚命三郎或許可以在短時間內做出成績，但是也往往因此打亂團隊的步調，所以非但無法被同事稱讚「賣力盡責」，還落得「自以為是」的負評，實在教人遺憾。

讓我大為驚訝的是，因為男女感情糾紛而來找我諮詢的當事人，竟然很多都是滿懷自我犧牲精神的人。「家事都是我在做」、「孩子都是我在帶」、「都是我在養家活口，對方卻一點也不體諒我」……總之，一切都是別人的錯，受盡委屈的永遠是自己。

筆者總是這樣建議他們：

「如果認為自己為人做牛做馬，對方就會感激涕零，爭相幫你，那可就大錯特錯。需要幫忙的時候，還是要大方開口求助！」

如何掙脫自我犧牲的枷鎖？

當你感到只有自己受盡委屈時，就表示已經陷入孤立無援的處境，這時更必須放眼周遭。

要讓自己從孤立無援的窘境中跳脫出來，其實一點也不難，只要「停止自己一個人埋頭苦幹、開口請身邊的人幫忙」就好。讓你忙得焦頭爛額的工作，說不定正好是身邊親朋好友或同事擅長的領域，這時務必要坦率地開口求助，讓「專家」助你一臂之力。

試著把「我好苦，都是我在犧牲奉獻」的委屈和不滿寫下來，你應該會很意外地發現，其實自己根本沒必要把事情全攬在身上。

只有自己一個人吃苦，實在說不過去。日本人向來把忍耐視為美德，然而事實上，無論在家庭或職場，「營造彼此互助合作的環境」更重要。當你懂得經營這樣的環境，就不會終日怨懟不平，導致情緒暴起暴落。

5 建立圓滿的人際關係有訣竅

溝通要看時機

你可曾想過，人際關係也講「時機」？

我們總是本能地想要博得他人喜愛，所以不自覺地努力主動表達善意。然而，想要與人建立良好關係，並非只要賣力示好就行，眼明手快地把握住「對方想要展開溝通的那一瞬間」很重要。

不善溝通的人，或許並不是真的拙於言辭，而只是不懂得察言觀色找對時機罷了。

趁著對方興起「想要說說話」的念頭時，適時為他打開話匣子，可以很快拉近彼此距離。反過來說，在人家忙得不可開交之際，你卻一頭熱地拚命想要拉關係，就難怪會招來白眼了。

這就好像在對方酒足飯飽之際，你還端出山珍海味招待，對方一定興趣缺缺，還會認為你「真白目，明知我已經吃不下」、「神經好大條，一點也不會看狀況」。對方即使勉為其難地領受你的好意，恐怕也嘗不出美味。但是，當對方飢腸轆轆的時候，你哪怕只請他一顆簡單的飯糰，他都會吃得津津有味。

只要時機對了，對方就會認為「這個人關心我」、「這人挺機伶的」。在對方需要的時候，適時滿足他，就是你得人疼的好時機。

不過，這個絕佳時機並不容易拿捏。

一種米養百樣人，你得捉摸每個人的性情與好惡，並且衡量和對方的親疏關係，因為這也會影響時機的正確與否。例如，正在忙的時候，有個熟悉的自家人來找，說不定可以幫忙分擔、紓解壓力，但倘若是不熟識的人上門，那就成了不速之客的打擾。

那麼，可以與人拉近距離的絕佳時機是何時呢？

製造對方會感興趣的話題

和難以親近的人拉關係是有方法的。

大家對於自己感興趣的話題，除非是現場狀況實在不允許，否則都會巴不得立刻湊上去一聞其詳。就算是惜時如金、平常捨不得把時間浪費在拉雜閒聊的人，一聽到感興趣的話題，也會忘卻自己寶貴的時間。

你或許看不起這樣的小伎倆，但其實聊天話題很難無中生有，全賴平日「有備無患」，廣泛收集材料，然後配合對方的興趣喜好隨機應變，如此一來，對話的氣氛才會被炒熱起來。

筆者建議，至少為每一位必須示好的對象，準備一個他感興趣的話題。話題內容不必深入到專家級水準，但必須是在非得和對方搭上話不可、或是只許成功不許失敗的重要場合，可以拿得出的精良武器，才不會錯失時機。

想修好人際關係可不能靠運氣。關係有進展或弄僵了，必定都有原因。事先洞察背後的原因，可以將誤會和衝突的風險降到最低。

6

讓好意真的是好意，而非多管閒事

必定會令人感激的溝通之道

想要人緣好，必定要為人多留一份心。可是，萬一拿捏失準，這份好意又可能成為糾紛的開端，形同兩面刃。

我們自認為的好意，未必人人都買單。

比方說，好意提醒平日習慣大吃大喝的朋友說：「你吃太多了」，客觀來說，你的意見一點也沒錯，但是對方可能會嫌你多管閒事。

對方為何對你的好意不領情呢？只要想像「哪壺不開提哪壺」有多殺風景，大概就可以理解對方的心情了。

前面也談到，溝通就是玩投接球遊戲。投球時，瞄準對方的手套投進去，溝通才會成立。而用錯好意，就好比完全不理會對方的手套位置，只顧自己直球投出。

對方的手套未必總是正面迎向你，也不會永遠守在同一個位置等你的球，所以溝通時必須多一份心，看準對方的手套投出，務必讓他輕鬆接住你的球。

好意提醒對方疏忽不察的地方，當然不是壞事。然而，如果因此惹對方不開心，那「好意」就變成「多管閒事」。「好意」這件事，本來就隱含很多一言難盡的門道。

如果真是出於好意，就請採取對方願意歡喜接受的說法

想事先洞悉對方的心思談何容易？那麼退而求其次，至少也要能討對方歡心，讓他對你的好意由衷歡喜感恩。

雖然說，為對方指出他疏忽不察的缺失，得冒著可能觸怒對方的風險，不過有些好意提醒，大家倒是樂得接受。例如，看到對方因為工作太忙而顯露疲態、或是領帶鬆了等等，**你的好意提醒能幫上對方，讓人感激你，這種好意的關懷就不會出錯。**

當面說對方「吃太多」，大概不會有人心悅誠服地向你說「謝謝」。誰都不想被人當面戳中痛處或心虛處，哪怕是熟識的老朋友也一樣。要知道「好心」也可能「被雷親」，所以別讓自己的好心沒好報。

7

做人「五面玲瓏」剛剛好

探索人際關係的最佳定位，可避免惹禍上身

我們形容那些交際手腕高明、誰都不得罪的人「八面玲瓏」。老實說，這可不是什麼光彩的恭維話，若有人被說是做人八面玲瓏，恐怕還會感到心靈受創呢！

被說是八面玲瓏的人，可能覺得冤枉。畢竟，自己也是出於一片好意，才處處照顧別人的感受，盡力做到「人人好」的皆大歡喜，真不明白這番苦心為何沒人欣賞？

努力博得大家的喜愛、想要讓人人都高興的這份心意和努力，的確值得讚許，但是因為努力過頭，被人貼上「八面玲瓏」的標籤，就難免失去周遭的信任，你自己也會因為「做到流汗」卻被人「嫌到流涎」，而感到心灰意冷。

說一個人「八面玲瓏」，通常指涉他喜歡阿諛奉承，或是習慣「見人說人話，見鬼說鬼話」，缺乏真心誠意。

無論你是否被冤枉，別人既然說你「八面玲瓏」，或許是該認真比較一下，為什麼同樣都是好心為人著想，你會被貶成是「八面玲瓏」，其他人卻不會呢？

不討人嫌的並非八面玲瓏，而是五面玲瓏

筆者認為，不想招人反感的話，「五面玲瓏」就足矣，不必費心做到八面玲瓏。兩者的差別在於，如果身邊有八個人，你只要殷勤照顧其中五個就好，而不必做到八個人都滿意……也就是說，人際關係是要區分優先順序的。

人際關係處理得再好，也不可能面面俱到，把每個人都伺候得服服貼貼，所以守住自己的交友範圍不貪多，自然能減輕溝通負擔。

職場上，基於工作需要，如果有八個人交代你任務，你或許都得扛下來，不過筆者是個心裡有話不吐不快的人，倘若明知自己扛不住，就會明白表示「做不到」。這樣總比勉為其難地攬下任務，然後失去自己

的信用和他人的信任來得好。

勉強維繫的關係，必然會生怨懟，哪一天情緒爆發，就不只是彼此嫌惡，而是相互憎恨，甚至「此恨綿綿無絕期」，所以還不如一開始就避免日後反目的風險。相反的，既然接下任務，必定要真心誠意地全力以赴，確保自己的信用。

筆者選擇不當八面玲瓏的好人。

我接案的判斷基準，不在於受委託的內容，而在於委託人本身。我認為「這位案主可以信任」，就接下來；如果認為「我無法和這位案主建立信賴關係」，我會明白拒絕。憑自己的主觀感受做決定並無不可。只要抱著「做到五面玲瓏就好」的標準處世，便能隨緣自在，不患得患失。

8

處世慎重，但心情自在

「恐怖主義」與「樂觀主義」巧妙並用

自認為不善處理人際關係的人，很難主動與人建立關係。

不過有心突破這個困境的話，筆者倒是有個「恐怖主義」和「樂觀主義」交替並用的心法，有助於建立和睦的人際關係。

記取失敗經驗的「恐怖主義」

筆者所謂的「恐怖主義」，是指回顧自己一路以來犯下的種種失敗經驗。

回想某年某月某一天的某個場面，因為自己的失誤，導致慘痛後果，如果當時這樣做或那樣做，也不至於如此……那麼，自己現在是否又在重蹈當時的覆轍呢？

從過去的傷痛教訓，知道自己這樣做之後，可能會與人關係生變，我們就可以提前因應，避免舊事重演。

人雖然有自省能力，也常常悔不當初，卻難得善用自省和後悔的好處。原因在於挖自己的舊傷疤太痛了，我們恨不得埋藏記憶，永遠別再想起，所以總是犯同樣的錯。

來找我的當事人，很多都是把事情搞砸了。而身為律師的我，不能讓他們就此以失敗告終，總要想辦法協助他們從失敗中逆轉勝。方法是陪伴他們一起檢視失敗的過程，找出搞砸的癥結，並且設法激發他們「一定要扭轉劣勢」的積極心態。

對當事人來說，咀嚼不堪回首的失敗過程是非常殘酷的凌遲。但是，改寫明天的契機，就隱藏在自己過去的失敗中，要為將來著想，就得盡可能避免重蹈覆轍。如果昨天的失利，可以成為今日的前車之鑑；今日的教訓，能夠避免明日受罪，我們就得以終止負面的連鎖效應。

在「樂觀主義」帶領下，邁出輕快的步伐

筆者的工作是幫助委託人「立足於過去的失敗教訓，考量未來可能的風險，然後勇於向前跨出一步」。但是，回顧失敗太痛苦，又沒有勇氣跨出第一步，所以生命停滯不前。這時，最需要「先做再說」的樂觀主義推你一把。

如果你遲遲無法付諸行動，筆者認為，那是「策略錯誤」的緣故。過去，我們都以為「認知」可以帶動「行動」，有了「想要改變的認知」，就會付諸行動，但事實證明「知易行難」，只是知道要改變，卻未必能付諸行動，還不如「先做再說」，直接用行動強迫自己改變。

因為丈夫外遇而來找我諮詢法律問題的當事人，我通常建議她們：

「先去美髮沙龍或是美容SPA中心，讓自己放鬆一下，轉換好心情。」

倒不是說女人做完頭髮、指甲，或是紓壓按摩以後，就能勇氣百倍地跨出新人生，但是情緒低落的時候，上美容院可以快速轉換心情，確實有助於走出壞情緒，帶給心境很大的變化。

同樣的道理也可以應用在日常生活中。

找到一個能讓自己轉換心情的去處，必要的時候就去走走。如果想炮製前面介紹的紓壓方法（詳見本書第四十頁）也未嘗不可，不過，筆者仍建議將紓壓專用的地點，和轉換心情的場所做一區隔比較好。清楚區分哪裡是用來鼓舞樂觀心情的場所、哪裡是紓解壓力專用的去處，配合自己的狀況去適合的地點，效果會更好。

考量風險，慎重採取行動，可以迴避引發紛爭的火種。然而，「謹慎過度」難免變得裹足不前，所以要賦予行動足夠的動力。這就是為什麼「恐怖主義」與「樂觀主義」兩者缺一不可。

將兩種思考模式鍵入腦中，交叉運用，自然可以趨吉避凶，把日子過得越來越清靜快活！

9

做個「有話可說」的應對達人

但不必為了迎合對方而過度勉強

老實說，真正懂得應對精髓的人不多。擅長把場子炒熱而自認為是說話高手的人，幾乎都禁不起仔細檢驗。

不信的話，洗耳恭聽這些人的對話，你應該會發現，向來被認為能言善道的人，應對間很少懂得「有來有往」的規矩。

大家都希望自己說的話可以得到回應，如果遭到別人漠視，或是回應不如預期，內心難免快快不快，對這人留下壞印象。

而最應該小心的就是口無遮攔、想到什麼說什麼的人。對話是用來溝通的工具，絕對不是拿來衝撞別人的武器。

與人應對時，筆者總是提醒自己要「應和對方」。

本書在前文也說過，要把對話想像成在和對方玩投接球，專注傾聽對方說的話，站在對方的立場替他設想，你自然就會琢磨出如何交心暢談的箇中三昧。

對話缺乏「投接球」概念的人，常常和人話不投機，惹對方不快，其中的兩大典型如下：

1 — 只顧自己長篇大論

你是否常常只顧發表自己的論調，或總是有話不吐不快，見人就要一股腦兒地宣泄而出？特別是「師」字輩的人，基於自己的職業慣性，很容易流於自說自話的滔滔不絕，讓別人覺得「跟他根本說不上話」。這一點不能不留意！

2 — 反應冷淡

對方說話的時候，自己悶不吭聲，也不點個頭或搖個頭，讓人完全摸不清他到底聽進去沒有。這種人並沒有展現出「想要接球」的態度和誠意，最容易惹惱對方。

善用「鏡像效應」安撫對方

運用「鏡像效應」，是「應和對方」的技巧之一。

心理學上把「鏡像效應」，又稱為「同調效應」，最初的含意是：人們會有如照鏡子似的，不自覺地同步做出和喜歡對象相同的動作。如果反向操作鏡像效應，刻意模仿對方的言行舉止，就能讓對方在無形中對你產生好感。懂得善用鏡像效應，可以在對話中快速有效的建立起信賴關係。

具體的做法很簡單，比方說，對方拿起飲料杯的時候，你也同步拿起自己的杯子；對方強調的重點，你也跟著複誦一遍等等。這麼一來，對方自然會認為「這個人懂我」、「他把我的話聽進去了」，而感到安心穩妥。當然，千萬別讓對方識破你在刻意迎合他。

那麼，萬一對方在對話中忽然「暴投」，你該怎麼辦呢？

如果是我，我會拚了命的去撿球。因為誰都不希望自己被人忽視，如果不努力把球撿回來，有可能惹對方大發雷霆呢。撿到球以後，我再瞄準對方的手套投進去，調整對話內容。畢竟，修正行進的軌道，也是對話的重要工作之一。

實在無法溝通，放棄也無不可

然而，對方如果一再暴投，讓我為了撿球而疲於奔命，我會以「還有重要事情，必須先告辭」為由，及時打退堂鼓。這時候，千萬不可氣急敗壞地直指對方「不明事理」、「和你講不通」，畢竟說謊有時也是必要的權宜之計。

比方說，公司主管找大家一起去喝酒，明知他愛說教，總是滔滔不絕地說個不停，大殺風景，這種情況下，我方搬出「有事不能奉陪」的藉口，也是不得不的變通之道。

不善於拒絕的人，可以事先準備幾個理由充分的藉口，讓自己能夠合情合理地開溜。例如「下班得買菜做飯」、「必須回老家處理事情」

等等。重點是，別為了迎合對方而過度耗費心神，累壞自己。

「迎合對方」是溝通上必要的技巧，但是謹記「不必過分勉強而為之」，該拒絕的時候就要拒絕。

10 保有「自我基調」的人不起爭端

對自己的心緒保持自覺，和誰在一起都自在

你是否經常把「好忙好忙」掛在嘴上，總是行色匆匆，一刻不得閒？

經常慌張焦急、心緒靜不下來的人，渾身散發暴躁不安的氣息，容易招惹事端。

人都難免情緒起伏，但是脾氣陰晴不定、情緒暴起暴落，會給周遭的人帶來困擾。

昨天還陽光燦爛，今天忽然風雲變色；開會的時候，一言不合就暴怒拍桌；遇到糾紛爭執就哭天搶地，說一切都怪自己不好……這種情緒化的人，心情總是隨著外界的變化劇烈擺盪，而被人貼上「缺乏自制力」的標籤。

我們其實很容易感知他人的不良情緒，所以自己會深受影響。因此懂得趨吉避凶的人，不會情緒氾濫，他們與人接觸時，總是時時提醒自己保持「自我基調」，避免惹是生非。

為自己「定調」

為了在發生緊急情況時，自己還能保持冷靜，我們平時就必須覺察自己的「情緒基調」。

如此一來，遇到狀況的時候，自己會知道「這不是平常的我，我的個性應該更冷靜才對」，或者「我好像有點不對勁，我平常是更陽光開朗的人」……**把握自己的基調，面臨狀況考驗時，就有比對的基礎，可以把自己調回平日冷靜平和的調性**。

而對於自己的基調，切記不可抱有自貶的負面意識。如果你認為自己反正就是個無事瞎忙、只會胡亂打轉的陀螺，那麼現在請立刻修正這樣的負面自我形象，因為負面的自我定義只會招來不必要的焦躁情緒。

我們需要做的，只是了解自己平日的個性和習慣表現，然後為這樣的自己找到一個最契合的調性。

方法其實一點也不難，只要試著在紙上寫下：「讓自己感到最舒適自在的場景和感受」，就可以從中拼湊出自己內在的真實基調。

比方說，你最喜歡一群人開心熱鬧？或者，你其實更喜歡獨自安靜看書？又或者，揮汗運動、舒活筋骨才是你的最愛？

想像自己在從事最喜愛的消遣時，那種輕鬆愉快的心情感受，把這種感受當做自己的基調，以這樣的基調待人處世，身邊的人都會感到如沐春風。

每當筆者看到當事人出現眼神飄忽，或頻頻抖腿等心緒慌亂不寧的肢體語言時，總會出聲提醒他們：「先穩住，不要慌。」

需要求助律師事務所的人，必定是遭遇麻煩事，會感到焦躁煩亂也是必然的。一想到委屈就氣急暴怒，或是忽然嚎啕大哭的當事人所在多有。但是情緒性的發洩無助於解決問題，反而讓狀況更棘手。

尤其是兩造當事人對峙的時候，筆者更必須設法讓我方守住冷靜和穩定的情緒，避免在對方面前失控咆哮或哭鬧，讓人看破手腳。面對衝突糾紛的場面，情緒波動往往會成為致命的弱點。

筆者當然不是要大家做個沒血沒淚的冷血動物。團隊合作要想成功達陣，訴諸情感往往能發揮強大的推進力量。人非草木，本來就應該有歡笑有淚水。但是，想成為氣度從容、心性穩定的人，請先學會客觀看待自己。

能夠客觀看待自己，就會有足夠的自覺意識，知道何時應該喊「暫停」，自我調整。日常生活中，當你自覺「我好像有點坐立不安、被逼得喘不過氣」時，請給自己十到二十分鐘的獨處時間，斷絕外界的聲音干擾，緩緩深呼吸，或是靜坐冥想，把自己調回來。

此外，不要出言論斷他人是非，也不要說出自貶自棄的負面字眼。因為話語就像催眠的魔咒，會應驗在世人身上，而負面字眼都會妨礙我們守住自我格調。

11

「寒暄」是最高明的表演

用「投其所好的寒暄」為自己留下好印象

各位每天都一定會向人打招呼嗎？

不知是出於害羞，還是因為嫌麻煩，辦公室裡就是會有一兩個來去無聲的人，擺明了「拒人於千里之外」的態度，別人也就懶得理他們，但背地裡給他們貼上「難搞」的標籤。仔細想想，還真為他們感到不值，大清早的，不過是沒和人打招呼，就得罪了一票人，一整天就從令人不快的負面印象揭開序幕。

不過，就算你禮數周到、勤於對人噓寒問暖，也未必真的明白日常寒暄如何決定一個人的形象，至於懂得善用寒暄營造個人形象者，那更是少之又少了。

以筆者為例，身為律師，在面對當事人的時候，我會盡量以低沉穩重的聲調問候對方，以便贏得信賴。因為必須求助律師事務所的人，尋求的是足以託付大事的信賴感，而不是律師熱情大方的招呼。

在公事上初次見面的人，交換名片時，通常會禮貌性地向對方致意說「請多多指教」。交換名片的目的，不僅僅是為了交換名片而已，更是為了展現「建立長遠合作關係」的誠意，所以重點是給對方留下值得信賴和樂於與人親近的好印象。這時，雙方距離的拿捏很重要。

太過貼近、不熟裝熟，會令人感到肉麻不自在；距離太遠，又好像拒人於千里之外。較容易為一般人接受的適當間距，是大約在半個人遠的距離遞出名片。而遞出名片的方式和口頭上的說明，也都是寒暄的一部分，切不可掉以輕心。

懂得寒暄，更能為自己加分

什麼樣的寒暄具有加分作用呢？毫無疑問的，符合對方期待的問候，能夠為自己的形象加分。

是該展現自己的熱情大方？還是表現內斂沉穩的氣質？這些都可以

事先下功夫。

舉例來說，想要贏得年紀大上你好幾輪的長官信賴，說話就要盡量表現沉穩；而在年齡相近的同事之間，展現活潑朝氣才不會顯得格格不入。總之，「想像對方會喜歡什麼樣的人」，正中對方的下懷，可以讓人更樂於接納你。

試著揣摩身邊的人會喜歡什麼樣的寒暄，再看看自己寒暄的方式，將之寫下來以後，你可能會驚覺自己都「偏離了靶心」，像是消極應付不對盤的上司或同事，能躲就躲，盡量不和人打照面，有時甚至是故意藉著寒暄讓對方出糗難堪。

打招呼以後，通常會附帶聊幾句，等你摸熟了寒暄的訣竅，連同打招呼前後的聊天話題也要開始講究。例如，筆者送客到電梯口時，必定會避免觸及令人心情沉重的話題，總是盡量把客人歡歡喜喜地送出門。

來事務所找我的客人，幾乎都是滿腹心事，如果直到離開事務所前的最後一刻，都還讓他們沉浸在憂鬱不安的情緒裡，等於是又把壞心情帶回家。

與人道別的時候，盡量避免說些壞人心情的話題，即使那些事情和你本人無關，但是對方很可能會不自覺地將這種陰鬱氣氛和你的形象連結在一起，一想起你就感受到不愉快的壓力。

一個人的形象不只建立在他的行為表現，就連說話的語感也發揮微妙的影響力。總是圍繞著陰沉話題打轉的人，也會給人陰沉的印象；相反的，常把開心的話題掛在嘴邊，能給人陽光燦爛的形象。

不過是區區的打聲招呼罷了，卻是大有學問，特別是初次見面的第一印象更是如此。日本人不是常說：「再沒有比寒暄更好用的名片」嗎？這句至理名言可要謹記在心哪！

12

想要更親近，就得製造理由

如何經營健全的「撒嬌與被撒嬌」關係？

「不願撒嬌」的人，往往也不喜歡別人向自己撒嬌。但是撒嬌行為的背後，未嘗不是一種關係的證明，說明彼此具有相當的信賴感。年幼的人傾向找人撒嬌依賴，年長的人則需要別人撒嬌示弱，以證明自己有價值。適度地向人撒嬌，或是接納別人對自己的撒嬌，其實不失為理想的互惠關係。

然而，想要適度地向對方撒嬌，或是讓對方向你撒嬌，必須有個「撒嬌的正當名目」。沒有感情基礎，也沒有尊敬之意，只是胡亂的表示親暱或索求，終會遭人嫌惡。

建立對方想要的「撒嬌」和「被撒嬌」關係

例如，辦公室裡有個後輩喜歡向你撒嬌，你便自以為好意地把對方根本不想要的差事塞給他，這可就表錯情了。又比方說，對向來以工作效率出名的前輩撒嬌，請他傳授你改進工作的訣竅，這事看起來合情合理，但如果對方是為人和善、卻是工作績效不佳的前輩，你向他裝乖賣萌、要他教你提升效率的門道，那就變得不倫不類、讓人莫名其妙了。

想透過撒嬌示弱，潤滑人際關係，那麼「為何向這人撒嬌」的理由，必須是對方也能充分理解才行。

人們天生喜歡受到別人肯定，希望有人欣賞自己的長處，也想要從別人那裡獲取自己需要的資源，而撒嬌行為正可以同時滿足彼此的需要。

誤把「隨便」當「友善」，當心被打槍

撒嬌是一把雙面刃，萬一用錯，麻煩就大了。

過去，筆者曾經受當事人委託，前去拜訪對造的企業進行交涉，該企業的委託律師也在場。這位律師性格蠻橫，喜歡用裝熟的親暱態度，硬把談話導向對自己有利的一方，還自以為善於營造「友善的氣氛」。

這種完全缺乏自知的粗魯無禮，終於把我惹惱了，忍不住出言問他：「你不覺得自己說話太輕佻了嗎？」

同在一個辦公室的同事或社團的成員，彼此都還要慎重拿捏自己的遣詞用字，小心不要逾越了分寸，何況是面對工作上的客戶？

大家對粗魯失禮的態度其實很敏感，所以千萬不要心存僥倖。

舉例來說，受到前輩指導以後，必恭必敬向對方致意說：「非常感謝您寶貴的經驗，今天真是受教了。」對方會認為你很有教養。但如果內心空有感謝之意，嘴上卻毫無表示，終究會給人留下壞印象。

撒嬌包含了情感的互動和分享，因此可以視為信賴關係的度量計，從中看見關係的親疏遠近。

不願對人撒嬌，只是在自我孤立罷了。筆者至今看多了刻意與人疏遠、保持距離的後果，其實是給自己製造容易被人誤解、和惹是生非的不利條件。

愛惜羽毛的慎重態度是好的，請務必帶著這份堅持，駕馭「撒嬌」這門溝通藝術。

13

想知道親疏程度，可以試著碰觸肢體

理解每個人的「勢力範圍」

與人交流的時候，有些人習慣「保持距離」，說穿了，這種人不過就是怕惹麻煩。

本書的主旨正是要人懂得「趨吉避凶」，別惹麻煩上身，就這層意義來說，「保持距離」的策略並沒有錯，但是，如果始終畫地自限，不願向前跨出一步，那麼人際關係也就只能原地停滯，永遠無法更進一步。

你問我到底想說什麼？我想說的，是人的「勢力範圍」這回事。

人人都有心理上的勢力範圍，不願別人擅自入侵自己的地盤。每個人需要的勢力範圍大小各不相同。比方說，擠在塞滿的捷運車廂內，肢體碰觸在所難免，大多數乘客都能體諒，但是也有人特別介意，稍微被他人無心碰觸就嫌惡得不得了。這就涉及到每個人對勢力範圍的要求不同。

勢力範圍不只表現在人與人的肢體距離，也反應在對話當中的態度等「心理距離」。

處理勢力範圍的棘手之處在於：太近了，會侵犯到別人的地盤；太遠了，又顯得冷淡隔閡。

對方如果表現熱絡，我方卻總是相敬如賓，難免讓人感覺你拒人於千里之外，無形中生出嫌隙。

該如何測量心理距離？

當你感到對方似乎對你敞開心房，又不知是不是自己會錯意時，不妨利用小小的肢體接觸投石問路。雖然試探性地出手總是教人膽戰心驚，不過你其實只需要輕拍對方肩膀之類，透過看似不經意的接觸，就可以達到試探效果。對方如果沒有任何不悅的表情、對話也照舊進行，應該可以推知雙方的親密程度有所提升。必須注意的是，對方若是異性，可得格外謹慎，以免被誤認為性騷擾。

「平輩用語」也可以做為量測親疏關係的指標。對初次見面的人直接用平輩用語，可能會得罪人，但是不管見了多少次面，還是堅持使用敬語，就表示關係仍然生疏。對話中適度加入一點平輩用語，可視為信賴關係的表示。

筆者對熟悉的人並不排斥用平輩用語。當我感覺對方卸下心防的時候，會試著用平輩用語來試探雙方的關係到何種程度。

不過，這時候的分寸拿捏必須非常謹慎，萬一表現得過度親暱，會讓對方認為你是輕浮之人。

請用「摸著石頭過河」的謹慎態度，敏銳觀察對方的神情反應，伺機拉近雙方的距離。人必定會有打開心扉的那一瞬間，把握這個大好時機，就可以為我們贏得更緊密的情誼。

儘管多數人都自認為不善交際、拙於建立人際關係，但只要冷靜看待自己的立場和定位，就可以發現人際的交流其實並不如想像中複雜困難。

拒絕與人接觸，或許就不會遇上得罪人、惹糾紛等麻煩事，但是如此一來，也不能和別人有深入的交流，更無法冀望工作事業和人際關係的未來發展了。

14 善用「模仿」避免紛爭

不只是配合對方的言行舉止，連價值觀也要同步

你曾有過和某人在一起的時候，由衷感到「啊，有他相伴真愉快！」的經驗嗎？這是因為對方營造了一個能讓人自然而然感到輕鬆愉快的氛圍。如果你也能夠用心為人經營這樣的氛圍，讓對方覺得「有你在真是如沐春風」，那麼許多衝突、不愉快都能避免。

但是，要如何經營這種「令人如沐春風」的愉快氛圍呢？

不單是模仿對方的言行舉止，連價值觀也要同步

「模仿」是一門高明的藝術，複製對方的行為舉止、服裝穿著，都只是模仿皮毛，和對方的價值觀同步，才是讓對方欣然快慰的最高敬意。下次，當對方談到自己的興趣嗜好、喜歡的對象，或是評論社會議題、政治事件等，不妨試著呼應他的愛好和高見。

不過，沒大腦的隨聲應和、牽強附會，只會讓人覺得你是沒內涵的草包。要先理解對方為何做如是想、是什麼原因讓他有這樣的見解，然後才循著他的思路應和。

模仿你在意對象的言行舉止，藉此拉近雙方的距離，可以說是「鏡像效應」（參見本書第一〇七頁）的反向操作，不過「鏡像」映照的不

只是動作舉止，也可以是立場見解的同步。

深諳「模仿」三昧的人，更能夠理解世人的多元觀點，具有包容性。懂得模仿的人不會只堅持自己的觀點，也能同理對方的立場，這未嘗不是模仿的另一大收穫。

當然，「見人說人話，見鬼說鬼話」的處處迎合，恐怕又會淪於「八面玲瓏」的沒立場，所以請記得把握「五面玲瓏」的做人原則（請參見本書第九十七頁），不必要討好每個人。

筆者非常重視如何讓來諮詢的客戶自在愉快。融洽的相處氛圍一旦形成，無論何時再次見面，都能感到親切熟悉。

「模仿」一詞或許容易給人負面印象，但想要遠離是非，有時候試著與對方的立場同步，也是必要的策略。為了自己的進步和成長，我們都得用心修好「模仿藝術」這門功課。

15

做個指路人，為人標示目的地

透過溝通帶風向，發揮營造氣氛的力量

本章反覆強調，不惹麻煩上身的人，能懂得站在對方立場採取行動，也能拿捏適當距離進行溝通。

然而，即使具備這樣的條件，還不足以讓我們廣結善緣，唯有與人建立更進一步的關係，才能夠真正磨練自己的溝通協調能力。對於有心在「得人和」的功夫上精進的讀者，以下要領可以助各位一臂之力。

筆者認為，人群中的「指路人」才是真正的溝通高手。所謂的「指路人」，是主動發揮功能、鼓舞對方士氣的人。就像是在他人迷途的時候，指點說「請往這邊走」，透過積極正向的言語或行為，給予他人力量。職場上的指路人，會向同事、夥伴傳達「這個案子會成功」、「一切都會順利過關」的正面訊息，振奮軍心；夫妻關係的指路人，會向另一半傳遞「讓我們一起幸福」、「未來值得期待」等正面信念。

心態過於保守的人習慣「唱衰」，往往把「這種提案八成過不了關」、「事情會順利才怪」等消極的暗示掛在嘴上，但是就如同筆者一再強調，話語擁有力量，負面的言語會給自己招惹麻煩。

「指路人」宛如是為他人指出地圖上的目的地、為夥伴照亮前方的人，足以主導氣氛與話題的走向。他們的一抹微笑、一個不經意的瞬間反應，就能展現人格特質的力量。

修練「應對」與「表達」功力，都能深化人際交流

你或許對自己修好人際關係的功力感到懷疑，不知自己要到何年何月才能夠達到「指路人」的境界。

其實，只要做好「應對」與「表達」，就能成為指路人。也就是說，將本書前面所講的重點銘記於心，時時付諸實作演練，自然水到渠成。

當然，無憑無據的窮開心、空口白話要人樂觀積極，只會顯得你言語空泛、不可信任，所以身為指路人，必須基於明確的事實根據，為人

指點前方道路才行。

筆者從自己法律人的職涯經驗領悟到：律師的工作不只是幫委託人上法庭打贏官司，還必須傾聽當事人的意見，充分理解對方的需要以後，從專業立場為其指出「有利於長遠人生的未來方向」。

讀者也請務必磨練自己的應對與表達功力，以「成為他人的指路明燈」自我期許，做個正面溝通高手。

第 3 章

化解紛爭的
10 條應對之道

1

先沉住氣，釐清狀況、掌握事實

最忌逞口舌之快，暫且採取守勢、收集資訊

前面兩章都在琢磨「與人為善」的溝通技巧，而萬一已經捲入紛爭，本章要教各位如何釐清糾紛，謀求全身而退之道。

身處在複雜的社會人際網絡中，我們即使無意得罪人，有時也很難避免無妄之災從天而降。而麻煩事一旦上身，能否善了就得看危機處理的技巧。

面對糾紛，危機處理的第一步，就是「摸清對方底細」。

「這有什麼難的！」，先別這麼篤定，你越是不以為意的小事，其中越可能暗藏「有看沒有懂」的玄機。這是筆者在本章一開始，首先要送給大家的第一課。為解決人際糾紛而找上我的委託人，我也必定如此提醒他們。

現在，請仔細回想自己曾經有過的親身經驗。

就在日常生活中……你好心為對方著想，對方卻一點也不領情；你把工作上的任務搞砸了，誠心誠意向對方謝罪請求原諒，對方卻怒氣衝天，得理不饒人……你有過類似的不愉快經驗嗎？

說到「洞悉人心的觀察力」，好像必須是閱人無數、飽經世故的老馬，才會有此功力，然而事實上，洞悉人心的能力不過就是——你可以從一個人身上找出多少線索？

想了解對方在想些什麼，得先把對方觀察仔細。

對方在言談之間流露出慍怒之色？還是透露著善意？或者，對方好像已經疲倦想睡？肚子餓了？只要你肯留心，應該都能看出一些端倪。

我們自己在情緒低落，或是精神不濟、飢腸轆轆的時候，不也是特別暴躁沒耐性，很容易被別人一句無心的話給惹毛？

對方當然也是如此。

一個人正在氣頭上的時候，你不識趣地上門求助，對方給你碰釘子、不理你，也是人之常情。如果你又說些對方不中聽的話，惹得他大發脾氣，也不令人意外。萬一你還在不該說話的時候拚命想要道歉澄清，那就如同火上加油，更教人暴跳如雷。善於察言觀色的人，就不會加諸對方不必要的刺激。

想想看，你是否在別人忙得焦頭爛額之際，或是為家人的事操心不已的時候，莽撞地打擾了他？又或許，他正在為接下來的某件事傷透腦筋，對你的話根本心不在焉？**從對方的言行與神情，應該可以看出他另有心事的蛛絲馬跡**，這正是我們要觀察的重點。

與人為善的第一步，就是要懂得察言觀色，然後才可能理解對方的需求，營造不刺激對方的對話情境。

2

找到對方的「滅火開關」

洞悉平息對方怒火的必要關鍵

當律師親上火線，介入兩造當事人的調解時，我們會想方設法找出對方隱而未顯的「滅火開關」。

什麼是對方的「滅火開關」呢？講白了，就是對方真心想要的答案。如果能夠洞悉對方真正的目的何在，對話就有了基礎。

面對情緒用事的委託人，筆者首先會詢問他「期望的目標」是什麼？找律師的目的何在？是想把錢財要回來？還是希望和對方重修舊好？得到委託人明確的回覆之後，再以「滿足委託人的期待」為大前提，謀畫有利於和解的策略。如果把這套思維運用在職場上，就不難摸清對方的意圖。

跑業務的人，儘管可以實話實說，直接詢問客戶的期待。至於上司或職場前輩想要的，莫過於「工作的表現」。

最棘手的，當屬對關係的要求。絕大多數人被問到希望對方為這段關係做出那些補償賠罪時，都回答得隱晦不明，讓你難以捉摸。尤其是當雙方已經鬧到不可開交的時候，許多口是心非的違心論也被搬上檯面，你只能從對話中不斷旁敲側擊、再三揣摩。而為了找出任何可能的線索，我們必須徹底學習做個好聽眾，少說話、多傾聽，聽出對方的弦外之音、言外之意。

有過口角爭執，或是平日就關係不睦的兩造，一見面往往分外眼紅，很難心平氣和地把話說清楚。儘管如此，還是必須硬著頭皮鼓起勇氣，問問對方：「想要什麼？」

火眼金睛洞見衝突的原因

筆者認為，因為勞資糾紛或夫妻不睦而鬧到我這裡的絕大多數當事人，其實只要自己找出對方的滅火開關，就可以大事化小、小事化無，根本沒必要勞師動眾，找律師興訟。

很多當事人等到事後將對方訴求的內容攤開來看，才恍然大悟，悔不當初：「如果一開始不是任由氣衝腦門、互相攻擊，而是先道歉賠不是，事情老早解決了。」

人際關係牽涉複雜，衝突的原因有時並非三言兩語可以道盡，但是我們在調解現場，確實見過許多人一開口便直言：「問題不在金錢賠償，我要的是一句道歉。」

只因為不知對方到底在氣什麼，一言不合就理智斷線、攻擊謾罵，無端造成衝突不斷升高。有些人則是正好相反，因為害怕探問對方生氣的原因，會讓火爆衝突擴大，於是選擇強忍怒火，不願去碰觸問題，結果加深雙方的嫌隙。

冷處理或許可以避免擴大衝突，但是無助於改善關係。暫時忍耐灼燙的痛苦，找出滅火開關，才能夠真正改善彼此的關係。

3

敲開對方的心門

要讓氣頭上的人打開心門，你需要發揮傾聽的力量

延續上一節的話題——該如何讓正在氣頭上的對方說出真心話？

想要問出對方的真心話，「傾聽」的本事很重要。「傾聽」並不只是耳朵的工作，傾聽的行為還牽涉到臉部的表情和肢體動作。

上司、前輩或朋友對你發脾氣的時候，洗耳恭聽本是理所當然，但

如果你面露不悅或不滿之色，即使悶不吭聲，也已經充分表達無言的抗議，結果原本被罵十分鐘就可以收場的事，對方可能罵上二十分鐘還不能解氣。

想化解爭執衝突的場面，一定要營造「讓對方感到滿足」的情境。比方說，抱持同理態度，傾聽對方說話，滿足對方「需要被人理解」的需求。

傾聽的時候，必須站在對方的立場，以他的價值觀來對話。也就是說，你的價值觀如何不重要，你的想法即使和對方牴觸，也不要出言否定他，或是顯露任何不認同的神情。

還記得本書第一三六頁傳授的「模仿技巧」嗎？這種時候，盡情發揮你模仿的本事就對了。

筆者在為人解答法律問題的過程中，深感太多人都不能充分發揮「傾聽的力量」。追根究柢，發生糾紛的原因，便是「心有不滿」。如果能找出對方不滿的真相，甚至能直接解決爭端。

如果不能夠打從心底同理對方，或許無法問出對方的心裡話，但是在處理糾紛衝突的時候，不必太執著於能否「交心」，只需要「就事論事」即可。因為我們的目的是在解決身邊的衝突，所以「弭平紛爭」才是第一要務。

事實上，透過簡單的自我訓練，就可以養成良好的傾聽能力：

1 ─日常對話中，不僅要專注傾聽，也要留意自己的表情

請留意自己與人對話的表情。感到驚訝的時候，臉上要有詫異的神色；談到悲傷的話題，要能流露難過的神情。表情即使稍微誇張也無妨。

2 ─讓對方充分表達，不反駁、不打岔

正在氣頭上的時候，誰都想要爭個你死我活，哪有等對方把話說完的餘地？但至少在平日對話時，要求自己不反駁、不打岔，耐心傾聽對方把話說完。在對話中，時時提醒自己作為傾聽者的立場，練習做個明智的傾聽者。

4

像櫃台接待員一樣應對

滿足對方需求的回應技巧

既然要學習當個明智的傾聽者，那就索性連同口語表達的功夫都做到位。一般來說，良好的口語表達必須符合「口齒清晰，語速和緩」的條件。而在面對糾紛衝突的時候，要求更不只如此。

為了降低對立，安撫對方情緒，讓怒火自然熄滅，來點適度的表演是必要的。這時如果只是「說話口齒清晰、語速和緩」，已經不足以應付狀況。尤其當你發現雙方一直在各說各話，或是自己始終不能表達意見的時候，不妨採取「櫃台接待員」式的應對策略。

「要什麼給什麼」，滿足對方需求的回應技巧

發生糾紛的時候，切記營造能滿足對方的氛圍（即：滿足對方「需要被認同」的欲求）。本書在稍早前傳授的要領，這時就可以派上用場。像是頻頻應和對方「你說得對」、「有道理」，而當對方感到悲傷難過或不滿時，我們也要比照櫃台接待員的服務精神，深表同理。

然而，只是表示同理，還不足以善了。

我們必須再三確認對方不滿的原因，並且將話題導向：「為了化解

您的不滿，我能同意您的看法。」我方若是無法做出有意義的道歉，對方可能會感覺受到二次傷害，轉而變得具有攻擊性。

一般人並不容易實行櫃台服務式的應對技巧，所以平日就必須刻意練習，習慣成自然。

例如，聽完對方的話以後，不忘表達自己的感想，像是「真有意思」，或是「實在不得了」，在表達感想的同時，其實也展現了同理對方的心意。

剛開始練習的時候，多少會有點生澀不自然，但是經驗多了，就會越來越熟練，立刻掌握到對話的重點。這時你將意外發現，我們平日的對話內容其實很零散，常常還沒來得及發表最重要的感想或結論，話題就被帶到其他方向。

熟練櫃台服務式的應對技巧以後，不僅能夠滿足對方「需要被人認同」的欲求，還可以在滿足對方的過程中，自然而然取得主導地位，把話題導向自己想要的方向。

預先為對話「定調」

主導話題方向和談話節奏的技巧，尚不只如此。

平時說話快的人，如果把語速慢下來，對方也會跟著心平氣和；面對你熟識而習慣對他說話沒大沒小的對象，你如果變得彬彬有禮，對方也會跟著客氣。預先為對話的氛圍「定調」，按照調性演出，對方也會不自覺地配合你演對手戲。

筆者還是初出茅廬的菜鳥律師時，服務於某法律事務所，當時我的女性諮詢人委任率，幾乎達到百分之百。所謂委任率，是指來到事務所諮詢的當事人，指定由最初受理他諮詢的律師為其委任律師的比率。

人與人之間有投契與否的緣分，如果諮詢人感覺「這位律師和我八字不合」，律師事務所設有補救制度，允許他變更委任律師。筆者認為，女性諮詢人對我的法律服務「一試成主顧」，或許是因為我設定的對話調性，正好符合女性的期待。

說話的時候和傾聽的時候一樣，都需要動作、表情的輔助，切不可因為熱衷於自己的話題，而疏忽了傾聽對方時該有的動作和神情。總之，「聽」和「說」是一體的全套作業，萬萬不可分割處理。先傾聽、收集資訊，然後反饋給對方，對方無不龍心（芳心）大悅。不少人以為自己要先打開話匣子，才能夠表達主動的善意，然而基本上，先傾聽才是有利的做法。

筆者總是先傾聽諮詢者的意見或不滿，等到對方心滿意足以後，再回答問題。

在引導出解決方案之際，筆者不只是給予法律的專業建議，還會有意無意地強調：「這是我們共同商討得出的結論。」

雖然說，以律師累積的專業經驗來看，很多可循的前例都足以讓筆者一言指出解決辦法，但是如此一來，當事人就少了參與感，心理滿足感也會大為降低。

無論立場為何、不問年紀大小，基本上，人人生來就有想要表達的需求，讓對方一吐為快以後，再解決問題，可以令對方感到如願以償。

5

把事情搞砸，應勇於謝罪，並提出改善之策

切記：衝突的起因不在失敗犯錯，而是應對不當

把事情搞砸的時候，找藉口為自己辯白，只會擴大事態。

「問題不在我」——筆者了解你急於為自己辯護的心情，但大家都是這樣捍衛自己的清白，為何對方獨獨咬定你在找藉口為自己脫罪？筆者推想：莫非是因為你把「找藉口」與「說明事情經過」混為一談了？

筆者在兩造當事人對質的場合，看多了雙方一見面就堅持「錯不在我」，而且一開口便不斷找理由為自己開脫，絕口不談道歉。

你或許認為，談判交涉的時候，本來就該先給對方下馬威，然而事實上，這樣做很容易模糊事情的焦點。自己如果真的有缺失或不妥之處，必定要先坦率真誠的向對方致歉，承認「某某事情是我不對，實在萬分抱歉」。

對方生氣，是因為認定「你有錯」，你卻抵死否認。堅持「錯不在我」，無疑是挑戰對方的容忍底線，讓對方不願善罷甘休。

當然，誰都不願被指責，面對他人的怒氣沖沖，自我辯護都來不及，怎能坦承自己的疏失，認錯道歉？然而，過度自我防衛，會導致衝突無法當下化解，總是歹戲拖棚，必須一而再的協調，最終還是得道歉了事。

如果你認為自己不善處理這樣的道歉場面，那麼至少得事先寫好以下三點說明：

- 問題發生的前因後果
- 問題的癥結何在？
- 該如何解決問題？

首先坦承自己的疏漏或過失，認錯道歉。

釐清問題發生的原因當然很重要，不過這必須等你先認錯道歉，安撫對方激動的情緒，讓他態度軟化以後，才可能把你的意見聽進去。

最後，你還得提出具體的補救或改善方案。這時的重點在於「具體」，如果說得天馬行空、不著邊際，會讓人認為你不用大腦、毫無誠意，只會惹對方更生氣。

表情的配合同樣不能輕忽。

嘴巴上說「對不起」，表情卻沒到位，對方就無法感受你的心意。而在說到補救和改善措施的時候，要記得展露自信開朗的神情。

有了表情「助攻」，道歉會更有力量，充分傳達你的真心誠意。

衝突的起因不在失敗犯錯，而是應對不當

世人起衝突，往往不是因為有人把事情搞砸，而是犯錯的第一時間反應不當所導致。那些一再惹禍上身的人，幾乎都是如此。

因為受到上司、前輩的職場霸凌，或是遭公司解雇，而來找筆者諮詢的當事人，總有滿腹的委屈。但是當我了解事情的前因後果以後，往往發現他們面對指責的時候，多半處置失當。

人們面對指責，會本能地為自己辯白，認為道歉很可恥，害怕自損格調。

但其實，面對衝突場面，最自貶身價的作法，就是一味地自我防

衛。

若是願意為對方著想、將對方的主張擺第一，最後自然能贏得有利於自己的結果。

6

高明的反駁 vs. 失敗的反駁

在不對的時機說話是致命傷

你曾經有過與人爭執不下，越辯越惱火、越辯越說不清，導致雙方戰火延續不休，而讓自己心力交瘁的經驗嗎？

衝突發生時，堅持怪罪對方也無法解決問題。對方如果拉不下臉，硬要把黑說成白，戰線只會越拉越長，讓雙方更加彼此嫌惡。如此針鋒相對，終於演變到勢不兩立的絕境。

職場衝突、朋友反目、情人吵架、家人鬧翻……紛爭可以發生在任何時間、場合、對象之間，共通點通常就是誰也不讓誰，為了爭輸贏，只得不斷為反駁而反駁、為吵架而吵架，無端擴大戰場。

要知道，反駁並不是為了吵架，而是為消解彼此的怒氣。不過，忽然把姿態放軟，並不能讓對方解氣，能否把握開口溝通的適當時機，才是消氣的關鍵。

在劍拔弩張的火爆氣氛下，就算你提出再高明的解決辦法，理智斷線的對方必定聽不進去，只會拚命在雞蛋裡挑骨頭、找碴反駁。所以在提出解決辦法之前，應該先讓對方將所有的不滿一吐為快，待他終於歇一口氣、安靜下來，我方再伺機開口。算準對方精神鬆懈、無法立即回神的當口，趁機提出我方的見解和主張，這也是戰略的一環。

這招不只是在小口角的時候好用，面對棘手的衝突場合，一樣可以派上用場。

男女感情糾紛、夫妻鬧離婚，通常都是因為個性不合。個性南轅北轍，歧異太深，導致兩人互相指責對方的不是，僵持不下的結果，往往淪於「為吵架而吵架」。

想要打破無限循環的僵局，就應該停止繼續指責對方，**營造可以安撫對方冷靜下來的氛圍**。

首先，讓對方盡情抒發內心的不滿，像是抱怨你老是不在家、不肯幫忙做家事等等。你或許會從對方的抱怨中，發現自己始料未及的問題。例如，對方懷疑你對感情不忠，或是在外面偷賭錢。了解對方內心過不去的坎是什麼，才能夠朝著解決問題的正確方向前進。

不為爭輸贏而吵，只為解決問題而反駁，在關鍵時刻說出必要的提示，看似複雜難解的問題也會變得單純明朗。

如果是夫妻反目鬧離婚，在兩人吐盡牢騷以後，就該讓他們明白離婚可能面臨的損失或不利之處。如果雙方回心轉意，打消離婚的念頭，你還得針對彼此的不滿，提出建設性的改善方案，讓兩人對往後的婚姻生活約法三章。舉例來說，如果是對另一半晚歸不滿，另一半就要在門禁時間前早歸；不願分擔家務的人，得開始負擔責任區。讓雙方對問題的癥結與改善方案建立共識，是解決糾紛的基礎。

而在這臨門一腳的決定性時刻，必須特別留意說話的語氣，尤其是提出改善方案時，應該用「最好是……」「讓我們……」的建議口吻，取代「非這樣不可、非那樣不行」的強制規定和義務教條，才不會刺激當事人的情緒，讓好不容易建立的共識破局。

找我們事務所律師諮詢的演藝人員，很多都是為了想和舊東家解約而來。

這種事可不能說拆夥就拆夥，必須在事前做好沙盤推演，盡量提出雙贏策略。比方說，在解約前願意加碼參與多少演出活動，好為舊東家創造收益、提高貢獻等。然後拿著足以說動舊東家的方案提出交涉，才會有皆大歡喜的把握。

當然，就法律層面而言，舊東家並無權扣住旗下藝人，但是站在經紀公司的立場，好不容易拉拔成材的藝人，翅膀長硬就想走人，任誰都會感到不是滋味。這時如果能夠提出雙贏方案，藝人要轉而投靠其他東家，就不至於遭到太大的阻力。

處理騷擾或傷害事件也是如此。我方不能只想著如何占盡好處，也要為對方的利益設想，以達到雙贏的目的談和解。

下次，當你遭遇糾紛衝突的時候，首先要構思「如何反駁才能有助於解決問題」。

這樣的反駁必須符合兩項要件，即：

- **可以讓對方冷靜下來**

● 提出能讓雙方各蒙其利的雙贏策略

律師的職責在於幫委託人打贏官司，但是贏得官司的同時，也可能招來怨恨，而無可避免地禍及委託人。表面上看似勝利，實則埋下禍根。

再沒有比人的怨念更可怕的力量，恨意能驅使人伸出黑手，做出扯後腿、暗箭傷人的缺德事。為了安穩和樂的太平日子著想，大家好聚好散歡喜收場，方為理想的結局。

7

「實話實說」，能將傷害降到最低

「藉口」與「解釋」的不同

你曾經在對公司主管或某人交代事情來龍去脈的時候，不由自主加油添醋嗎？你或許認為這些都是陳述上必要的橋段或鋪陳，但是過於誇大不實的情節很快就會被拆穿，惹得對方大發雷霆。

向人陳述事實不是在寫小說，不必帶有情緒，只需要就事論事，敘述事實發生的前因後果即可。

如果心中存有私念，加入太多自己的感情或算計，意圖爭功諉過，最終只會換來更大的責難。

害怕面對指責是人之常情，強忍住被究責的恐懼，不隱匿自己的過失，只陳述事實的經過，問題往往能出乎預料的順利解決。倘若你誠實冷靜，實話實說，主管卻還是暴跳如雷，緊咬住你的過失不放，那麼問題就在於他了。

養成「正確的」說明能力，而不是為自己找藉口

陳述事實的時候，要能有「起承轉合」的條理安排，不要發生傳達上的誤差。

有時候，只是列舉事實，就會曝露出某人的過失。儘管如此，陳述人萬不可逾越分際，斷言誰是誰非，因為這在他人聽來，容易認為是推諉卸責。陳述的時候，一定要站在中立的角度，不要偏離客觀事實。

相信大家都看過電視上的道歉記者會，有些當事人在記者會上聲淚俱下，結果招來後續負評不斷。筆者總是建議委託人，向對方道歉的時候，「陳述事實時要語氣平和、說話有條有理，不帶多餘情緒，而且絕不出言究責對方」。

難就難在如何拿捏「態度冷靜」與「事不關己」的分際。畢竟問題就出在自己身上，可不能讓對方感覺你擺出局外人的態度。

此外，說謊、隱匿實情，也是絕對不能犯的禁忌。

為了合理化前因後果，而搪塞責任、模糊焦點，都會成為對方緊咬不放的攻擊目標。所以不要把心思用於如何作假掩飾，而是應該將重點放在「如實而清楚地說明事實」。

其他像是沒有把握的評斷、沒有事實根據的發言，或是想用曖昧模糊的記憶敷衍過關，都是很不明智的做法。

面對沒有把握，或是記憶不明之處，必定要確實聲明「我認為有可能」、「我不是記得很清楚」。事先聲明才不會落人口實。

不要害怕別人發怒究責

做到以上的如實陳述以後，該是自己應負起的責任就要勇敢承擔，被責罵也是應該的，畢竟做錯事本來就要付出代價。不過，想要讓對方少發一點火、讓自己少吃一點苦頭，也不是沒有方法。

筆者的當事人不乏蒙受不白之冤的無辜者，只因為事發當時太過害怕，以致糊裡糊塗扛下別人的過錯。

就算是被人指著鼻子大聲質疑：「是不是你幹的好事？」，我們也要勇於陳述客觀事實，沒做過的就說沒做過。

萬一你方寸大亂，完全無法冷靜說話，可以要求對方「給我一點時間釐清事實」。切莫為形勢所迫，貪圖應付一時，隨口承認「就是我」，日後還得收拾殘局。

說明事實的時候，以下六大重點一定不能遺漏：

- 不帶情緒，只詳細陳述事實。
- 冷靜分析說明事情的前因後果，但是不要讓人感覺你在找藉口。
- 不作假隱瞞。
- 自己不清楚的事情就要明白說：「我不知道。」
- 自己沒做過的事，千萬別說自己做過。
- 思緒混亂的時候，要求「先讓我冷靜一下」。

當你做到以上的重點以後，就容易冷靜下來觀察對方的反應，並且運用到本章介紹的各種交涉技巧。

比方說，「對方想要什麼？」、「什麼事情惹對方生氣？」、「該怎麼說可以讓對方消氣？」等，都能夠在說明的過程中逐漸試探得知。

不過，空有武功祕笈，臨場時不懂得熟練應用，到頭來也是白費力氣。平日磨練自己的說明表達能力、養成冷靜觀察他人的洞察力，是靈活操作本書技巧的基本功底，還請讀者多加練習。

8

化敵為友，巧結善緣

找出共同的敵人，從根本解決爭端

你知道自己為何會捲入眼前的糾紛嗎？

也許，這回是禍起於工作上的嫌隙，你自認為錯不在自己，那麼，會是對方的過失嗎？繼續深究其中真正原因，說不定根本就不是你們任何一方的過失，而是工作本身有問題。

又比方說，你們為了一位共同的朋友而反目，但其實問題就出在你們這位共同朋友身上。

我想要說的是：有時候，闖禍的並非衝突對峙的兩造，而是周圍的環境背景或第三者，你們只是不巧被捲進問題的漩渦罷了。

在這種情況下，任憑兩造如何溝通協調，也無法順利解決問題。筆者認為，雙方化敵為友，共同聲討真正的禍首，才是明智的解決辦法。

找出共同的敵人

首先，化解對立雙方的歧見，一起找出問題的根源和共同的敵人。

或許這個「敵人」其實並不是人，而是職場的制度問題，或是夫妻兩人的時間無法互相配合，所以制度或時間才是問題的癥結所在。

就某種意義來說，律師的職責也是在為兩造當事人找出共同的敵人。舉例來說，協調勞資糾紛時，要設法提出「改善公司業務與銷售業績」之策；處理校園霸凌問題時，則設法提出「改善校方指導能力與監督功能」的辦法。表面看似「人」出問題，但其實責任不在於人，這種狀況所在多有。

想要化敵為友，將敵人拉進同一陣線成為盟友，得看自己的對話功力是否足以說服人心。而客觀傳達事實的技巧（請參見第一七九頁），可以在這時候發揮影響力。

避免人身攻擊和批判

對峙的雙方在協調的時候發生意見衝突，本是在所難免。但是在氣頭的當下仍然要切記：這人將會是我的盟友，我們要聯手打擊共同敵人，所以不可情緒性地攻擊批判他的人格。

筆者以律師身分陪同委託人和對造斡旋的時候，一定會提醒委託人不要攻擊對方的人格。親子反目、感情糾紛，最容易做出情緒性的人格批判，導致事態不斷擴大。

雙方冷靜下來，客觀釐清事實和彼此憤怒的原因，既可以修補關係，也有助於為僵持的局面解套，繼續往前邁進。再沒有比互相叫罵指責、加深恨意，更浪費時間的愚蠢行為了。

不但如此，遭受人格攻擊的人，一輩子都不會忘記對方造成的傷害。內在強烈的恨意無法一筆勾銷，因此即使早已事過境遷，敵人不再是敵人，仍然可能以某種形式給你帶來過不去的障礙。

想要順利維繫互助關係，必定要讓對方成為你解決問題最強有力的盟友。

正所謂「當局者迷」，從綜觀全局的角度審視紛爭，你可能會發現身為當事人的自己一直未能察覺的重大盲點。

到底為什麼會有糾紛？該如何解決？重新深思熟慮以後，你們便可以在不互相傷害、也不會彼此嫌惡之下，攜手開拓出新的合作道路。

9

成為「給予」而非「掠奪」之人

創造雙贏局面，探索和解之道

沒有人願意遭受剝奪，所以討厭剝奪自己的人，而喜歡給予自己的人。如果人人都願意成為「手心向下」的給予者，那就天下太平了。只可惜多數人都認為「給出去就是自己的損失」，所以在「施」與「受」之間難以平衡。

尤其在面臨紛爭的時候更是如此。

因為雙方都想爭取對自己有利的結果，總認為必定要從對方身上奪取些什麼才行。然而事實上，一味想要彼此剝奪無助於解決問題，只是徒然磨耗心力罷了。不如心念一轉，想想「自己能給對方什麼」，事情也許會出現柳暗花明的轉機呢！

採取「給予者」的立場，找出解決紛爭之道

一般而言，糾紛衝突不外乎為金錢、為時間，或為利害關係而反目，我們要做的，是大膽「讓利」給對方。以債務糾紛為例，不要求欠款方一次全額歸還，而是分次攤還；又比方說夫妻勃谿，在協調對方自我約束的同時，另一方也要相對做些什麼。也就是說，只要對方願意滿足我方的某些要求，我方也要相對做出某些讓步。

筆者在當事人要求上法庭之前，同樣都會向他們傳達「做個喜捨勿奪之人」的理念。畢竟當事人會求助律師介入，就是有「想贏」的強烈動機，紛爭發展到這個地步，免不了會企圖「從對方身上奪取些什麼做為補償」。但事情不該只是這樣。

談離婚或是爭產的當事人常會說：「不把對方的一切奪過來誓不罷休」，但是對方豈能容忍你「通殺式」的剝奪？

筆者會建議當事人，釐清自己「最想要守住的標的」，設定協商讓步的底線，給對方留些什麼好處。總之，要盡可能做到雙方都有利益可言，以便爭端和平落幕，甚至還有維繫後續關係的可能。從結果來說，透過「相互給予」的寬容，雙方都會有所收穫。

樂善好施的人好運也會跟著來，總是容易化險為夷、避開災禍。而「樂善好施」能給予的，並不僅限於金錢，給人夢想、希望和朝氣活力皆屬之。就像是偶像、體育明星等人，能帶給人歡笑和勇氣。而即便不是偶像、體育明星，一樣可以給周遭帶來幸福，比方說為人加油打氣、傳達祝福的心意，對方因此有了奮進的動力和勇氣，你便成功地施予了對方。

簡單的一句話，便能鼓舞他人的好心情，日子久了，對這些人來說，你就是樂善好施之人了。

10

敢於暫時擱置某段人際關係

無論如何都無法化解紛爭的最終手段

我們都想要與人相親相愛、想要過著高枕無憂的快活日子，但總有事與願違的時候。

原因或許是沒有與人保持適當距離，也或許是與人太疏遠，又或者是以前的過節埋下了禍因……總之，世間有多少人，就有多少種原因。

而萬一不管你怎麼努力，都無法修補某一段人際關係，那麼大膽擱置這段關係，或許不失為危機處理的最終手段。

人際關係消長的三階段

人際關係的消長有三階段，依序是「初識期」、「熟識期」、「冷卻期」。以職場為例，加入新的團體、撒下人際關係的種子，是為「初識期」。在這個階段，能透過交際手腕，拓展友好關係。

經過「初識期」以後，便進入「熟識期」。大家由初相識而變得熟識，距離拉近、交流日深，可能因此失去應有的分際，讓原本無可取代的知交密友，在金錢或時間處理等事情上過於草率，引發怨懟不快，關係有了嫌隙。

儘管努力想要修補嫌隙，但內心的疙瘩總是難以撫平，最終也只好埋葬這段曾經美好的情誼。

當然，曾經毀棄的關係，並非不可能再度復活。事實上，人際關係都有可能再度修復。

但是不可諱言的，有些關係一旦破裂，或是瀕臨破裂，就再也無法重修舊好。

面對岌岌可危的關係，念舊情的人可能會不惜一切想要挽回。然而，如果關係已經不可能修復，此時你越是刻意挽回，反而越是弄巧成拙，把對方推得更遠。

事情演變至此，多數人會感到心灰意冷，從此老死不相往來。而其實，即便是降到冰點的關係，也有補救的技巧，那便是進入第三階段的「冷卻期」。

讓過熱的關係暫時冷卻下來

有時候，與其為難以彌補的裂痕白費心力，還不如索性拉開彼此的距離，等待關係自然修復。

乍聽之下，「冷卻」似乎意味著完全斷絕關係，但其實並非如此，而是比較趨近於細水長流式的關係。比方說，即使難得見上一面，也會透過通訊軟體或社群網站互通訊息等等。

正因為原本的關係過度緊密，現在冷卻下來，才有足夠的距離得以冷靜檢視彼此的關係。由於距離太近而被放大的缺點，在拉開距離以後，也會因為比較有餘裕，而覺得似乎不再是「罪無可赦」。

人際關係變數大，誰都不能保證可以和他人維繫一輩子的好交情。如果意識到雙方無法繼續維持良好關係，那麼歹戲拖棚的勉強維繫，只是徒然磨耗當事人的心力，倒不如大膽擱置這段關係，或許會成為重修舊好的轉機也未可知。冷處理至少可以為關係止損，不至於進一步造成更大傷害。

後記

改變溝通方式，就能改寫人生。

至少我是如此認為。

自從披上法袍以來，筆者受理過許多委託案件，也解決了不少訴訟紛爭。過程中，筆者意外發現，事件的發生大半都來自溝通上的歧見，而且在釀成必須找律師的重大衝突以前，必定先累積了許多小衝突的不滿能量。

本書就是為防範重大糾紛衝突於未然，而寫的溝通實務技巧。「溝通」是建立人際關係極其重要的一環，但是學校並沒有教這門課，大家幾乎都是在日常生活中自行摸索學習。就因為絕大多數人都是土法煉鋼，所以在與人溝通時難免帶著自己習以為常的價值觀和慣性，因此與人衝突、惹人討厭，自己也落得滿身是傷。不知讀者是否吃過這樣的苦頭呢？

近來，筆者經常受邀到高中、大學、企業等單位演講，和廣大民眾有了各式各樣的交流機會。筆者最常被問到的，就是「溝通問題」。企業的管理幹部和社長也經常問我：組織內部該如何溝通才好？

我想，自己如果繼續這樣演講下去，外界說不定會誤以為我是個

「溝通達人」，然而事實並非如此。筆者絕非能力卓越的溝通高手，我只是體認到和諧的人際關係很重要，所以想要在溝通上盡量避免可能的誤會和衝突，努力實踐「趨吉避凶的溝通之道」。

正如同本書中一再強調的，溝通需要知識與技術。也就是說，任何人只要能夠學會溝通的重要知識與技術，就可以成為溝通達人。

雖然「溝通達人」一詞可能招來罵名，被批評是「做表面工夫」、「耍心機」。然而，即便最初只是做做表面功夫，日子久了也會內化成為自己獨門的溝通內涵。修行和學習都有「守、破、離」三階段，最初只能從模仿皮毛開始學起，逐漸領悟門道之後，最終就能形成自己的風格。

本書凝聚了筆者個人的生活經驗與從事律師工作的實務訓練，加上身為律師事務所經營者的心得領悟，與前人的經驗教訓。我將這些材料去蕪存菁後，歸納出這本溝通實務要領。

看書不是欣賞藝術畫作，不能光看不練，將書中所學付諸親身實踐，才是唯一王道。本書的讀者，無論你屬意書裡的哪一項技巧，都請務必將它應用在實際生活中。

據說，看過書以後，會真正採取行動加以實踐者不到一%，而願意持之以恆實踐不輟的，更只剩下〇・一%。也就是說，一百名讀者看了本書以後，會如法炮製的只有一人，而堅持繼續實踐下去的，千人中更只剩下一人。

看完本書，掩卷之餘，只是感到心滿意足，並不能改變任何現狀，然而堅持實踐不輟者，必定會看到改變發生。

本書礙於篇幅限制，對許多溝通技巧的細緻面不及詳述，但願下次另覓機會，再為讀者說分明。

筆者由衷祈盼多一人、或是多一家企業接觸本書的訊息，而得以減少一分溝通不當帶來的災厄、多一張心平氣和的笑臉。

本書的最後，筆者特別感謝編輯塔下太朗先生，為我提供諸多構想、拓寬思路、激發靈感，又能有效統整各方的討論意見。還要衷心感謝催生本書，並且以平易近人的文筆如實呈現筆者主張的寫手大橋博之先生。沒有他們兩位，本書就不會問世。

我還要借用本書的一隅，感謝始終支持本書直到付梓的REI律師事務所全體工作同仁。當初若沒有成立REI律師事務所，未能和各位成為工作夥伴，就不會有本書誕生，這一切說來都是奇妙的緣分。

在此祝福天下人都能夠笑臉迎接每一天，過著舒心展顏的日子。

二〇一八年一月吉日　於眺望富士山之際　佐藤大和

big 0305

99%的糾紛都可以避免：王牌律師教你化解僵局、趨吉避凶的33個溝通法則

作　者—佐藤大和
譯　者—胡慧文
副 主 編—郭香君
責任編輯—邱淑鈴
責任企劃—張瑋之
美術設計—兒日
校　對—邱淑鈴

編輯總監—蘇清霖
發 行 人—趙政岷
出 版 者—時報文化出版企業股份有限公司
10803台北市和平西路三段二四〇號四樓
發行專線—（〇二）二三〇六—六八四二
讀者服務專線—〇八〇〇—二三一—七〇五
（〇二）二三〇四—七一〇三
讀者服務傳真—（〇二）二三〇四—六八五八
郵撥—一九三四四七二四時報文化出版公司
信箱—台北郵政七九～九九信箱

時報悅讀網—http://www.readingtimes.com.tw
綠活線臉書—https://www.facebook.com/readingtimesgreenlife
法律顧問—理律法律事務所　陳長文律師、李念祖律師
印　刷—盈昌印刷有限公司
初版一刷—二〇一九年四月十九日
定　價—新臺幣二八〇元
（缺頁或破損的書，請寄回更換）

時報文化出版公司成立於一九七五年，
並於一九九九年股票上櫃公開發行，於二〇〇八年脫離中時集團非屬旺中，
以「尊重智慧與創意的文化事業」為信念。

99%的糾紛都可以避免：王牌律師教你化解僵局、趨吉避凶的33個溝通法則 / 佐藤大和著；胡慧文譯. -- 初版. --臺北市：時報文化, 2019.04
面；　公分. --（Big ; 305）
譯自：弁護士だけが知っている ムダにモメない33の方法
ISBN 978-957-13-7765-0（平裝）

1.人際關係　2.溝通技巧

177.3　　108004408

ISBN 978-957-13-7765-0
Printed in Taiwan